改訂版はしがき

　本書が出版されてから 1 年が経過しました。その間、実際にリスニングの授業で本書を使用した学生や教員から多くのフィードバックを得ることができました。また、英語音声学・音韻論の専門家である清水あつ子先生（明治大学）、山本武史先生（大阪大学）、内田洋子先生（青山学院大学）、平山真奈美先生（成蹊大学）からも、貴重なご指摘や次のような好意的なコメントを頂戴しています。

・注や解説がついているため、学習者が独習用に使いやすい
・英語を母語としない話者が話す英語も扱っている点がユニーク
・サブテキストとして手頃な分量
・説明がわかりやすいので、音声学が専門ではない教員にも使いやすい

特に、斎藤弘子先生（東京外国語大学）からは、本文のみならず、注や解説、音声データにいたるまで、大変細やかなご助言をいただきました。ここに深く感謝いたします。

　このたび改訂版を出版するにあたり、一部表現をより適切なものに修正・加筆し、初版には収録できなかった母音表を追加するなどの補足を行いました。また、上記の先生方からいただいたフィードバックもできる限り反映させるように努めました。今回の改訂によってさらにパワーアップした本書が、少しでも多くの方々のリスニング力向上に役立つことができれば幸いです。

　最後に、初版に引き続き改訂版の刊行にあたりご尽力くださった名古屋外国語大学出版会の大岩昌子編集長と荒川印刷の浅井友規氏に、心より感謝申し上げます。

2025 年 3 月

執筆者代表　新居　明子

はしがき

　英語学習者のなかには、「文字で読むと簡単なのに、聞き取れない」「単語と単語がつながっていて、切れ目がわからない」と、英語のリスニングに苦手意識を持つ人が多くいるようです。リスニング力を身につけるには、できるだけたくさんの英語を聞いて耳を慣らすことも大事ですが、ただやみくもに聞くよりも、英語の発音の特徴やルールを知っていたほうがより効率的にリスニング力を伸ばすことができます。

　本書は、自然な速さの発話にみられる音変化などが原因でリスニングに困難を感じている英語学習者や、そのような学習者に英語を教えている先生方を対象に、リスニング力を向上させるためのポイントを "Listening Tips" として 20 章にまとめています。まず、Chapter 1 と Chapter 2 で、日本語母語話者が苦手とする英語の母音と子音を扱います。次に Chapter 3〜9 で、同化や脱落などの現象に代表される英語の音変化の基本的な特徴を学びます。そして Chapter 10〜16 では、プロソディーとよばれる英語のアクセントやリズム、イントネーションのほか、一般的なリスニング教材ではほとんど扱われることのない言いよどみ現象を取り上げています。Chapter 17、18、19 では、英語圏の国のうちアメリカ、イギリス、オーストラリアの 3 か国で話されている英語の発音の特徴を概観し、最後の Chapter 20 では、非英語母語話者が話す英語の例として、日本語、中国語、フランス語の母語話者の英語の発音にも触れています。このように、本書は大まかに見ると、英語の発音、音変化、プロソディー、訛りという順番で構成されていますが、前から順に学習しなければ先に進めないということはありません。興味や関心のある章から学習することもできます。

　各章の冒頭には、そこで扱うリスニングのポイントを示す例文が、イラストとともに提示されています。次に、そのポイントを "Listening Tips" として解説しています。解説文の内容をしっかりと理解したうえで、あとに続く "Examples" の設問に取り組んでください。各章の最後には、学習したことを定着させるための "Let's Try!" という練習問題が用意されています。"Let's Try!" の解答および解説は、本書の巻末にまとめてあります。また、各章冒頭の例文、"Examples"、"Let's Try!" にはすべて音声データがついています。音声データを聞く際は、ぼんやり聞き流すのではなく、それぞれの章で扱うリスニングのポイントを意識しながら、くり返し集中して聞くことが大切です。また、リスニング学習では、音声を自分の声に出すことでより効率的に成果をあげることができるといわれています。音声データを活用しながら、リピーティングやシャドーイングにも挑戦してみてください。

　本書のそのほかの特徴としては、いつでも手軽にそして気軽に学習できるように、各章は見開き 1 ページにおさまるように簡潔にまとめられていること、また各章のリスニングのポイントが伝わりやすいように、例文や設問文は長文ではなくほぼすべてが短文となっていることがあげられます。また、専門用語は使わずにできるだけわかりやすい表現を心がけています。各章 15 分程度の短時間でも学習できるように構成されているため、リーディングなどの他の英語科目を担当している先生方にも、必要に応じて補助教材として活用していただける分量となっています。

なお、ここで注意が必要なのは、本書で"Listening Tips"として紹介している英語の発音や音変化の特徴は、あくまでも英語母語話者が自然な速度で発話する際に生じる一般的な傾向であって、発話の場面や速度、また個人差によって程度が異なるということです。また、日本語にも地域によってさまざまな方言があるように、同じ国の英語母語話者でも出身地や社会的階級などによって、英語の発音は大きく異なって聞こえることがあります。まずは、非母語話者の英語を含めた多種多様な英語の存在を知ることが必要です。また、本書の例文や設問文には文脈が示されていませんが、実際のリスニングの場面では、たとえ音変化などに対する理解が不十分であっても、発話される状況や会話の流れから話者の伝えたい内容を推測することが可能な場合もあります。英語のリスニングにおいては、本書が取り上げているリスニングのポイントだけでなく、語彙や文法、発話の状況、話者の意図などから総合的に理解することが重要です。

　英語は、現代のグローバル社会におけるコミュニケーションに必須の国際共通語ですが、そもそも相手の英語を理解できなければコミュニケーションは成り立ちません。リスニングは、リスニング、スピーキング、リーディング、ライティングという4技能のうちもっとも大切なコミュニケーションの基盤といえるでしょう。本書は、名古屋外国語大学の「Listening Comprehension」というリスニング科目を受講する学生たちの、「リスニングに対する苦手意識を克服したい」「自然な速度の英語を聞き取れるようになりたい」という強い気持ちに応えるかたちでうまれました。本書が紹介する20の"Listening Tips"を学習することで、これまで聞き取ることが難しかった音を聞き分けられるようになり、それによってリスニング力が伸び、ますますリスニング学習が楽しくなり、そしていつかみなさんが世界中の人たちと自由にコミュニケーションがとれるようになることを願っています。

　最後に、本書の作成にあたっては、名古屋外国語大学出版会の大岩昌子編集長、荒川印刷の浅井友規氏にたいへんお世話になりました。リスニング教材に必要不可欠な音声の録音に快くご協力くださったThomas Kenny先生、Eric Hirata先生、Lucy H. Glasspool先生、Fern Sakamoto先生、黎敏先生、Laurent Annequin先生、そして録音した音声データを編集してくださった（株）テレビシティの後藤水茂氏にも、心よりお礼申し上げます。また、東京海洋大学の内田洋子先生には、中国語母語話者の英語の発音について詳しくご教示いただき、誠にありがとうございました。共著者の金子理紗先生と杉山真央先生には、担当箇所の執筆に加え、テキストの内容などに関して入念な確認作業を行っていただきました。また上田功先生には、監修者として企画段階から多くの貴重なご助言を賜り、さらに音声録音にまでご協力いただきました。この場をお借りしてみなさまのご尽力に感謝申し上げます。

2024年3月
執筆者代表　新居　明子

本書の使い方

★発音記号について

　発音記号は、原則として『研究社リーダーズ英和辞典 第3版』(2012) に基づいています。英語の文字（つづり）はすべて " " で、発音は / / で表しています。また、本書では発音される音の特徴をわかりやすく伝えるために、発音の一部をカタカナで表記していますが、実際の英語の発音とカタカナの音は異なりますので、あくまでも参考程度にとどめてください。

★「注」について

　本書では、さらに詳しく学びたい人のために、巻末の「注」で補足説明をしています。

★「参考文献」について

　巻末の「参考文献」は、本書を作成する際に執筆者が参考にした文献の一覧です。

★音声データの使い方について

　本書では、音声マークがついた各章冒頭の例文、"Examples"、"Let's Try" の音声データ（MP3）を、名古屋外国語大学出版会のホームページから無料でダウンロードおよびストリーミング再生することができます。以下の URL か QR コードからアクセスして、リスニング学習に積極的に活用してください。

https://nufs-up.jp/download/978-4-908523-45-8.html

目次

改訂版はしがき

はしがき

本書の使い方

Chapter 1　日本語にない母音 — /ə/ の音 1

Chapter 2　日本語にない子音 — /r, θ, ð/ の音 3

Chapter 3　つながる音 (1) — 子音 ＋ 母音 5

Chapter 4　つながる音 (2) — 子音 ＋ /j/ 7

Chapter 5　変化する音 (1) — /t, d, s, z/ ＋ /j/ 9

Chapter 6　変化する音 (2) — 母音間の /t, d/ 11

Chapter 7　聞こえなくなる音 (1) — 語末の子音 13

Chapter 8　聞こえなくなる音 (2) — /n/ の前後の /t/ 15

Chapter 9　/l/ の音 — 後ろに母音のない /l/ 17

Chapter 10　英語のアクセント — アクセントの位置と語句の意味 19

Chapter 11　英語のリズム (1) —「内容語」と「機能語」 21

Chapter 12　英語のリズム (2) — 語と語をつなぐ "and" と "or" 23

Chapter 13　英語のイントネーション (1) — 下降調・上昇調の基本ルール 25

Chapter 14　英語のイントネーション (2) — 話者の意図 27

Chapter 15　言いよどみ現象 (1) — つなぎ言葉 29

Chapter 16　言いよどみ現象 (2) — くり返し・言い直し 31

Chapter 17　アメリカ英語 — アメリカ英語の発音 33

Chapter 18　イギリス英語 — イギリス英語の発音 35

Chapter 19　オーストラリア英語 — オーストラリア英語の発音 37

Chapter 20　World Englishes — 日本語、中国語、フランス語母語話者の英語の発音 39

Let's Try! 解答と解説 41

注 59

参考文献 65

Chapter 1　日本語にない母音
── /ə/ の音 ──

We have two children. 🔊

「チルドレン」に聞こえないにゃ…

Listening Tips

　日本語の母音は「ア、イ、ウ、エ、オ」の5音だけですが、英語には、/æ/、/ə/、/ʌ/、/ʊ/、/ɔː/ など、およそ20音程度の母音があるといわれています[1]。これらの母音のなかで「あいまい母音」とよばれる /ə/ は、英語の音のなかでもっとも多く発音される音だといわれています。これは弱く発音される母音がすべて /ə/ として発音される可能性があるためです。

　「あいまい母音」は日本語にない音というだけでなく、「あいまい母音」という名前のごとく弱く短くあいまいに発音されるため、日本人がもっとも苦手とする音のひとつだといわれています。日本人学習者はあいまい母音を「ア」に似た音のように考える傾向にありますが、そうではなく、あいまい母音は顔の力を抜いた状態で軽く声を出すときに生じる、「ア、イ、ウ、エ、オ」のどれでもないあいまいで弱い音のことです。

　冒頭の例文の "children" /tʃíldrən/ は、前半の "chil" にアクセントがあるため、後半の "dren" は弱く発音され、"dren" の "e" は「あいまい母音」になります。"dren" の部分が、カタカナ語の「チルドレン」の「ドレン」のように聞こえないのはそのためです。

Examples

あいまい母音に注意しながら音声を聞きましょう。次に、音声をまねて発音しましょう。🔊

1. about　/əbáʊt/
2. possible　/pásəbl/
3. common　/kámən/

Examples の解説

1. "about" の "a" はあいまい母音として発音されます。

2. "possible" の "i" はあいまい母音として発音されます。

3. "common" の 2 つめの "o" はあいまい母音として発音されます。

Let's Try!

あいまい母音に注意しながら音声を聞きましょう。次に、音声をまねて発音しましょう。 🔊

1. private /práɪvət/
2. method /méθəd/
3. stadium /stéɪdiəm/
4. holiday /hάlədèɪ/
5. lemon /lémən/
6. purpose /pə́ːrpəs/
7. breakfast /brékfəst/
8. custom /kʌ́stəm/
9. museum /mjʊzíːəm/
10. ability /əbíləti/

("Let's Try!" の解説は巻末 41 ページ)

Chapter 2　日本語にない子音
── /r, θ, ð/ の音 ──

Can you turn off the light on the right?

「ライト・オン・ザ・ライト」ってなに？

Listening Tips

　Chapter 1 で扱った母音同様に、英語の子音の数は日本語の子音の数よりもはるかにたくさんあります[2]。

　ここでは、日本語母語話者が苦手とする /r, θ, ð/ の３つの子音について見ていきます。

① /r/ の音： right　/ráɪt/　　pray　/préɪ/
　日本語にない /r/ と /l/ の区別はとても難しいといわれています。
　"right" /ráɪt/ と "light" /láɪt/、"pray" /préɪ/ と "play" /pléɪ/ のように、/r/ と /l/ の音の違いでまったく異なる単語になります。

② /θ/ の音： think　/θíŋk/　　math　/mǽθ/
　"th" の無声音 /θ/ は /s/ の音と聞き間違えやすいといわれています。
　"think" /θíŋk/ と "sink" /síŋk/、"math" /mǽθ/ と "mass" /mǽs/ のように、/θ/ と /s/ の音の違いでまったく異なる単語になります。

③ /ð/ の音： then　/ðén/　　clothe　/klóʊð/
　"th" の有声音 /ð/ は /z/ の音と聞き間違えやすいといわれています。
　"then" /ðén/ と "zen" /zén/、"clothe" /klóʊð/ と "close" /klóʊz/ のように、/ð/ と /z/ の音の違いでまったく異なる単語になります。

Examples

音声を聞いて、空所に当てはまる語句を書き取りましょう。次に、音声をまねて発音しましょう。 🔊

1. He is looking at the green (　　　　　).
2. I'm so tired. I'll take a (　　　　　).
3. We didn't have TV in (　　　　　) days.

Examplesの解答と解説

1. grass
   "grass" /grǽs/「草」の /r/ を / l / と聞き間違えると "glass" /glǽs/「ガラス」となり、文の意味が変わってしまうので、/r/ と / l / の発音の違いに注意が必要です。

2. bath
   "bath" /bǽθ/「入浴」と乗り物の "bus" /bʌ́s/「バス」は、語末の子音 /θ/ と /s/ だけでなくその前の母音 /æ/ と /ʌ/ の発音も異なりますが、どちらの単語もカタカナ語では「バス」となるため間違いやすく、注意が必要です。

3. those
   "in those days"「当時、あのころは」
   "those" /ðóʊz/ の /ð/ と /z/ の発音の違いに注意が必要です。

Let's Try!

音声を聞いて、空所に当てはまる語句を書き取りましょう。次に、音声をまねて発音しましょう。 🔊

1. (　　　　　) (　　　　　), yellow lorry.
2. He (　　　　　) three free (　　　　　).
3. He is my (　　　　　) from (　　　　　) (　　　　　).
4. Shall we (　　　　　) the (　　　　　) answers?
5. I (　　　　　) a beautiful (　　　　　) every day.
6. I (　　　　　) a soft (　　　　　) through the window.

("Let's Try!" の解答と解説は巻末 41、42 ページ)

Chapter 3　つながる音（1）
── 子音 + 母音 ──

I've come up with a good idea for an app. 🔊

音がつながってるね

come up

Listening Tips

　書かれた英語を読むときと、文字を見ずに英語を聞くときを比べると、英語を聞くほうが難しいと感じることがよくあります。その理由のひとつは、単語が個別に独立して発音されず、つなげて発音されるからです。

　英語は、文字で表記されるときには1語ずつ分けて書かれます。しかし、自然な発話においては、隣り合う単語同士はつなげて発音されることが多くあります。

　ここでは、子音と母音がつながる例を確認しましょう。

<u>前の単語の発音が子音で終わり、次の単語の発音が母音で始まる場合、これらの単語はつなげて発音されます。</u>

I've come up with a good idea for an app.

come up　/kʌ́mʌ́p/　　　　with a　/wəðə/

good idea　/gúdaɪdíːə/　　for an app　/fərənǽp/

Examples　音声を聞いて、空所に当てはまる語句を書き取りましょう。次に、つながる音に注意して、音声をまねて発音しましょう。🔊

1. Excuse me, (　　　　) (　　　　) (　　　　) (　　　　)?

2. I (　　　　) (　　　　) (　　　　) beautiful (　　　　) (　　　　) the beach.

3. It (　　　　) (　　　　) (　　　　) (　　　　) going to rain.

Chapter 3

Examples の解答と解説

1. can I come in /k(ə)náɪkʌ́mín/

2. picked up a, shell on /píktʌ́pə/, /ʃélɑn/

3. looks as if it's /lúksəzɪfɪts/

Let's Try!

音声を聞いて、空所に当てはまる語句を書き取りましょう。次に、つながる音に注意して、音声をまねて発音しましょう。 🔊

1. (　　　) (　　　) (　　　), great (　　　) (　　　) the presentation!

2. This (　　　) (　　　) (　　　) (　　　) to resist a big earthquake.

3. We (　　　) (　　　) tickets (　　　) (　　　) (　　　).

4. I was talking (　　　) (　　　) (　　　) (　　　) mine.

5. He (　　　) (　　　) (　　　) train for (　　　) (　　　) (　　　).

6. I _____ knew _____.

7. _____ happy.

8. She _____.

9. How do you _____ without crying?

10. _____ and _____ _____ summer items.

("Let's Try!" の解答と解説は巻末 42 ページ)

Chapter 4　つながる音 (2)
── 子音＋/ j / ──

I'll help you with your homework.

ここもつながってるよ！

Listening Tips

　Chapter 3 で、子音で終わる単語と母音で始まる単語がつなげて発音される例を確認しました。
　英語では、子音の後ろに母音が続く場合のほかに、"you" /ju/ や "use" /júːs/ などにある半母音（母音と子音の中間的な性質をもつ音）の / j / が続く場合も、つなげて発音されることが多くあります。

<u>前の単語の発音が子音で終わり、次の単語の発音が / j / で始まる場合、これらの単語はつなげて発音されます。</u>

I'll help you with your homework.

help you　　/hélpju/　　　　　with your　　/wəðjər/

　この現象は、Chapter 5 で扱う混じり合って 1 つの別の音に変化する現象に似ていますが、子音と半母音 / j / が 1 つの別の音に変化するわけではありません。

Examples　　音声を聞いて、空所に当てはまる語句を書き取りましょう。次に、つながる音に注意して、音声をまねて発音しましょう。

1. This road will (　　　　　) (　　　　　　) to the station.
2. It's (　　　　) (　　　　　) (　　　　　　) business.
3. The name is (　　　　　) (　　　　　) (　　　　　) today.

Chapter 4

Examples の解答と解説

1. take you   /téɪkju/

   "take" の /k/ と "you" の /j/ がつながって「キュ」のような発音になります。

2. none of your   /nʌnəvjər/

   "none" の /n/ と "of" の /ə/ は Chapter 3 で扱った子音と母音がつながる例です。
   "of" の /v/ と "your" の /j/ がつながって「ヴュ」のような発音になります。

3. still in use   /stílɪnjúːs/

   "still" の /l/ と "in" の /ɪ/ は Chapter 3 で扱った子音と母音がつながる例です。
   "use" のつづりの最初の文字は "y" ではなく "u" ですが、発音は /júːs/ なので最初の音は /j/ です。"in" の /n/ と "use" の /j/ がつながって「ニュ」のような発音になります。

Let's Try!

音声を聞いて、空所に当てはまる語句を書き取りましょう。次に、つながる音に注意して、音声をまねて発音しましょう。 🔊

1. Go ahead, and I'll catch up (   ) (   ) later.
2. We (   ) (   ) a pleasant journey.
3. (   ) (   ) have passed since they first came here.
4. Just (   ) (   ).
5. I tried to (   ) (   ) but couldn't (   ) (   ).
6. Is this the _____ looking for?
7. I won't _____.
8. The joint _____ is attached to the university.
9. She couldn't _____ because she was so tired.
10. How _____
    English knowledge?

("Let's Try!" の解答と解説は巻末 42、43 ページ)

Chapter 5　変化する音（1）
── /t, d, s, z/ + /j/ ──

We'll miss you and never forget you. 🔊

フュージョン！

Listening Tips

　Chapter 4 で、子音で終わる単語と半母音の /j/ で始まる単語がつなげて発音される例を確認しましたが、子音のなかでも /t, d, s, z/ で終わる単語のあとに半母音の /j/ で始まる単語が続く場合には、子音と半母音がつながるのではなく、2つの音が混じり合い1つの別の音に変わることがあります。

- /t/ + /j/ → /tʃ/
- /d/ + /j/ → /dʒ/
- /s/ + /j/ → /ʃ/
- /z/ + /j/ → /ʒ/

We'll mi<u>ss y</u>ou.　　　　　　　　and never forg<u>et y</u>ou.
　/mís/ + /ju/ → /míʃu/　　　　　　/fərgét/ + /ju/ → /fərgétʃu/
　　　（ミシュ）　　　　　　　　　　　　　（フォゲチュ）

　自然な速さの発話ではこの変化が起こりやすいですが、必ず起こるというものではありません。

Examples

音声を聞いて、空所に当てはまる語句を書き取りましょう。次に、混じり合う音に注意して、音声をまねて発音しましょう。🔊

1. Nice to (　　　　　) (　　　　　　).
2. (　　　　　) (　　　　　　) do me a favor?
3. Is (　　　　　) (　　　　　　) first time?
4. Same (　　　　　) (　　　　　　).

Chapter 5

Examples の解答と解説

1. mee<u>t y</u>ou
   /míːt/ + /ju/ → /míːtʃu/
   "meet" の /t/ と "you" の /j/ が混じり合い「チ」のような発音に変化しています。

2. Coul<u>d y</u>ou
   /kʊ́d/ + /ju/ → /kʊ́dʒu/
   "Could" の /d/ と "you" の /j/ が混じり合い「ジ」のような発音に変化しています。

3. thi<u>s y</u>our
   /ðís/ + /jər/ → /ðíʃər/
   "this" の /s/ と "your" の /j/ が混じり合い「シ」のような発音に変化しています。

4. a<u>s u</u>sual
   /əz/ + /júːʒuəl/ → /əʒúːʒuəl/
   "usual" のつづりの最初の文字は "y" ではなく "u" ですが、発音は /júːʒuəl/ なので最初の音は /j/ です。"as" の /z/ と "usual" の /j/ が混じり合い「ジ」のような発音に変化しています。

Let's Try!

音声を聞いて、空所に当てはまる語句を書き取りましょう。次に、混じり合う音に注意して、音声をまねて発音しましょう。 🔊

1. I ( ) ( ) help.
2. What ( ) ( ) happy?
3. No, ( ) ( ).
4. It's just ( ) ( ) said.
5. It'll ( ) ( ) about ( ) ( ).
6. ( ) ( ) is better than ( ) ( ).
7. In ( ) ( ) wondering what it is, ( ) ( ) answer.

("Let's Try!" の解答と解説は巻末 43、44 ページ)

Chapter 6　変化する音 (2)
── 母音間の /t, d/ ──

Get a load of this! What a beautiful little hotel! 🔊

「ゲラロゥラディス」ってなんのこと？

「これ見て」って意味らしいよ

Listening Tips

　アメリカやカナダの英語ではしばしば、母音に挟まれた /t/ や /d/ の音が日本語の「ラ、リ、ル、レ、ロ」の子音のような音に変化することがあります[3]。そのため、英語のリスニングにおいて、/t/ や /d/ が変化してラ行子音のように聞こえる音を、/l/ か /r/ のどちらかだと勘違いしないように注意が必要です。冒頭の英文を例にとり、/t/ や /d/ がラ行子音に似た音になるおもな条件を確認しましょう。

　　Get a load of this!　What a beautiful little hotel!

① 語末が /t/ または /d/ で、その前の音が母音、そして次の単語も母音で始まる場合

　　Get a　/gɛ́tə/　　load of　/lóʊdə(v)/　　What a　/wátə/

② 語中で /t/ または /d/ が母音に挟まれており、後ろの母音がアクセントのない弱い母音の場合

　　beautiful　/bjúːtɪfəl/　（/t/ の後ろの母音 /ɪ/ はアクセントのない弱い母音）

　　この変化は、"hotel" /hoʊtél/ の /t/ のように後ろの母音に強いアクセントがある場合には起こりません。

③ /t/ または /d/ の前が母音で、後ろが /l/ の場合

　　little　/lítl/

　　母音間ではありませんが、母音と /l/ の間でも同じ変化が起こります[4]。

11

Chapter 6

Examples 変化している /t, d/ の音に注意して、空所に当てはまる語句を書き取りましょう。 🔊

1. (　　　　　) (　　　　　) you (　　　　　) for?
2. It might be a (　　　　　) (　　　　　) for (　　　　　).
3. Can I have a (　　　　　) (　　　　　) (　　　　　)?

Examples の解答と解説

太字の /t, d/ の発音が、ラ行子音のような音に変化しています。

1. What are /wát**ə**r/, waiting /wéɪ**t**ɪŋ/
2. good idea /gʊ́**d**aɪdíːə/, everybody /ɛ́vrɪbà**d**i/
3. bottle of water /bá**t**ləwɔ́ː**t**ər/
   "bottle" の / t / は母音に挟まれていませんが、語中で母音の /a/ と / l / の間にあるため音が変化しています。

Let's Try! 変化している /t, d/ の音に注意して、空所に当てはまる語句を書き取りましょう。 🔊

1. Who is the (　　　　　) girl (　　　　　) next to Mary?
2. I found a cafe that serves the best custard (　　　　　) in the (　　　　　).
3. I turned on the (　　　　　), and now it feels much (　　　　　) here.
4. The (　　　　　) stands in the (　　　　　) of the group.
5. The conference required multiple (　　　　　) to handle simultaneous (　　　　　).
6. _____ !
7. _____ .
8. _____ .

（"Let's Try!" の解答と解説は巻末 44、45 ページ）

Chapter 7　聞こえなくなる音（1）
── 語末の子音 ──

"Stop!" she shouted, then rushed over to help the scared cat. 🔊

「キャット」って聞こえないけろ

Listening Tips

　子音の /p, t, k, b, d, g/ は、現れる場所によってほとんど聞こえなくなることがあります。詳しくは次のような場合です。

① /p, t, k, b, d, g/ が発話の切れ目にある場合

"Stop!" she shouted, then rushed over to help the scared cat.
　/stáp/　/ʃáʊtəd/　　　　　　　　　　　　　/kæt/

/p, t, k, b, d, g/ の音は、発話の切れ目ではほとんど聞こえなくなることがあります。上の例では、発話がいったん途切れる "Stop" の /p/ と "shouted" の /d/、そして文末の "cat" の /t/ がこれに当てはまります。

② /p, t, k, b, d, g/ が語末にあって、直後に子音で始まる単語が続く場合 5)

"Stop!" she shouted, then rushed over to help the scared cat.
　　　　　　　　　　　　　　　　　　　　　/hélp ðə skɛ́ərd kæt/

直後に子音で始まる単語が続く場合にも、語末の /p, t, k, b, d, g/ の音は聞こえなくなりやすいです。上の例では、後ろに "the" の子音 /ð/ が続く "help" の /p/ と、後ろに "cat" の子音 /k/ が続く "scared" の /d/ が当てはまります。

③ 単語間で同じ子音が続く場合の、前の単語の語末子音

some more　/s(ə)m mɔ́ːr/　　enough food　/ɪnʌ́f fúːd/

/p, t, k, b, d, g/ 以外の子音も含め、単語と単語の間で同じ子音が続く場合には、2 つの子音が 1 つのやや長い子音になります。その結果、前の子音は聞こえにくくなったり、後ろとつながって聞こえたりします。上の例では、"some more" の "some" の /m/ と "enough food" の "enough" の /f/ が当てはまります。

Chapter 7

Examples　音声を聞いて、空所に当てはまる語句を書き取りましょう。次に、聞こえなくなる音に注意して、音声をまねて発音しましょう。 🔊

1. I bought a new (　　　　　).
2. I would (　　　　　) to (　　　　　) for advice on (　　　　　).
3. We'll enjoy (　　　　　) (　　　　　) (　　　　　) (　　　　　).

Examples の解答と解説

1. shirt　/ʃə́ːr**t**/
   文末の "shirt" の /t/ はほとんど聞こえなくなっています。なお、"bought" /bɔ́ːt/ の語末音は /t/ ですが、後ろに "a" の母音 /ə/ がありつなげて発音されるため、/t/ は聞こえなくなりません。

2. like　/láɪ**k**/,　ask　/æs**k**/,　it　/ɪ**t**/
   "ask for advice"「助言を求める」
   "like" の語末の /k/ は直後に "to" の子音 /t/ が続くため、聞こえなくなっています。"ask" の語末の /k/ も、後ろに "for" の子音 /f/ が続くためほぼ聞こえなくなっています。また、"it" の /t/ は発話の切れ目にあるため、こちらもほとんど聞こえません。

3. rock climbing with them　/rá**k** klàɪmɪŋ wə**ð** ðém/
   "rock climbing" では同じ /k/ が単語間で続くため、"rock" の /k/ が聞こえにくくなっています。同様に、"with them" では "with" の /ð/ が聞こえにくくなっています。

Let's Try!　音声を聞いて、空所に当てはまる語句を書き取りましょう。次に、聞こえなくなる音に注意して、音声をまねて発音しましょう。 🔊

1. I wish you the best of (　　　　　)!
2. Do you need a (　　　　　) (　　　　　)?
3. For a (　　　　　) (　　　　　), begin with a (　　　　　) breath.
4. We're adding (　　　　　) (　　　　　) information to the (　　　　　) (　　　　　).
5. How do you (　　　　　) (　　　　　) (　　　　　) (　　　　　) these?

（"Let's Try!" の解答と解説は巻末 45 ページ）

Chapter 8　聞こえなくなる音 (2)
── /n/ の前後の /t/ ──

Playful kittens bring warmth and joy to cold winter days. 🔊

Listening Tips

/n/ の直前や直後の /t/ は発音が変化し、聞こえなくなることがあります[6]。詳しくは次のような場合です。

① /t/ + /n/： lightning /láɪtnɪŋ/　　kitten /kítn/　　mountain /máʊntn/

英語圏で話される英語では、/n/ の直前の /t/（太字）は、息が口からではなく鼻から抜けて、はっきりとは聞こえなくなることがあります[7]。結果的に /t/ は飲み込まれたような印象の発音になります。

② /n/ + /t/ +弱母音： winter /wíntər/　　Internet /íntərnɛt/　　twenty /twɛ́nti/

アメリカやカナダの英語では、/n/ の直後に /t/（太字）が続き、さらにその直後にアクセントのない弱い母音が続くと、/n/ と /t/ とが合わさって /n/ に似た音に変化し、/t/ が消えたような発音になる場合があります。たとえば、"winter" は "winner" に近い音で聞こえることがあります。このような場合は、細かな音の違いを聞き分けようとするよりも、前後の文脈から推測するようにしましょう。

Examples
音声を聞いて、空所に当てはまる語句を書き取りましょう。🔊

1. (　　　　　　　) air refreshes my mind and soul.
2. Click the (　　　　　　) to submit your form.
3. I found that information on the (　　　　　　).
4. The book has (　　　　　　) chapters.

Chapter 8

Examples の解答と解説

1. Mountain　/máʊn**t**n/
   /n/ の直前の /t/ は、息が口からではなく鼻から抜けるため、はっきりとは聞こえない音になっています。

2. button　/bʌ́**t**n/
   /n/ の直前の /t/ は、息が口からではなく鼻から抜けるため、はっきりとは聞こえない音になっています。

3. Internet　/ín**t**ərnèt/
   "Inter" の /n/ の直後の /t/ が消えたような発音になり、"Inter" が "inner" /ínər/ に似た発音になっています。

4. twenty　/twɛ́n**t**i/
   /n/ と /i/ の間の /t/ が消えたような発音になっています。

Let's Try!　音声を聞いて、空所に当てはまる語句を書き取りましょう。　🔊

1. The sky flashed with (　　　　　).
2. The instructions were clearly (　　　　　).
3. I have a job (　　　　　) tomorrow.
4. Can you show me the (　　　　　) you're working on now?
5. Your efforts are (　　　　　) making a difference here.
6. He (　　　　　) to visit (　　　　　) for its rich cultural history.
7. We have (　　　　　) of soft (　　　　　) towels for guests.
8. As the concert ended, the (　　　　　) closed on the (　　　　　) stage.

（"Let's Try!" の解答と解説は巻末 46 ページ）

Chapter 9 /l/ の音
── 後ろに母音のない /l/ ──

They decided to sell milk from local farms to provide a little help to the community.

「ミオク」ってなに？

Listening Tips

/l/ は、後ろに母音がないと「ウ」や「オ」のように聞こえます[8]。

① 語末の /l/（太字）： local /lóʊkl/　　little /lítl/

"local" は「ローカル」より「ローコー」や「ロークー」のように聞こえます。"little" は Chapter 6 で学習したとおり、/t/ がしばしばラ行子音のような音に変化するため、「リロー」や「リルー」といった響きになります。

② 子音の前の /l/（太字）： milk /mílk/　　help /hélp/

"milk" は「ミルク」より「ミウク」や「ミオク」のように、"help" は「ヘルプ」より「ヘウプ」や「ヘオプ」のように聞こえます。

「ウ」や「オ」のようになった /l/ は、前の母音の響きを変える場合もあります。たとえば、/ɛ/ は「ア」のような響きになる可能性があるため、/l/ の前に /ɛ/ がある "sell" /sɛ́l/ は、「セウ」や「セオ」のほか「サウ」や「サオ」に近く聞こえる場合があります。

Examples

音声を聞いて、空所に当てはまる語句を書き取りましょう。次に、/l/ の音に注意して、音声をまねて発音しましょう。

1. I (　　　　　) happy today.
2. They sat in a (　　　　　).
3. His effort produced a positive (　　　　　).

Chapter 9

Examples の解答と解説

太字の /l/ の発音は「ウ」や「オ」のように聞こえます。

1. feel   /fíːl/

2. circle   /sə́ːrkl/

3. result   /rɪzʌ́lt/
   /l/ が前の母音の響きに影響を与える例です。/l/ の前の /ʌ/ は「オ」のような響きになっています。また、語末の /t/ は、Chapter 7 で学習したようにほとんど聞こえなくなっているため、ここでは "result" は「リゾウ」のように聞こえます。

Let's Try!

音声を聞いて、空所に当てはまる語句を書き取りましょう。次に、/l/ の音に注意して、音声をまねて発音しましょう。 🔊

1. (　　　　　) on a second, please.
2. They made (　　　　　) copies of the report.
3. How long is the (　　　　　)?
4. Could you change the (　　　　　)?
5. He parts his hair in the (　　　　　).
6. His invention took things to a (　　　　　) new (　　　　　).
7. The (　　　　　) was really (　　　　　).
8. Time (　　　　　) (　　　　　).
9. (　　　　　) send the (　　　　　) via (　　　　　).
10. Just give me a hint, and (　　　　　) (　　　　　) the (　　　　　).

("Let's Try!" の解答と解説は巻末 47、48 ページ)

Chapter 10　英語のアクセント
── アクセントの位置と語句の意味 ──

Look at the man over there with a hot dog in his hand. 🔊

熱い犬…？

Listening Tips

　すべての英単語には、最も強く高く長く発音される（第1）アクセントがあります。たとえば、"photography" という語は "pho" "tog" "ra" "phy" と4つの音節からできており、前から2つ目の "tog" の部分に第1アクセントがあります[9]。

　また、たとえば "object" という単語は、文字のうえでは名詞も動詞も同じつづりですが、「物体」という名詞のときはアクセントの位置が最初の "ob" に、そして「反対する」という動詞のときは最後の "ject" にあります。会話では音声のみで意味を伝え合わなければならないので、同じつづりの単語であっても、アクセントの位置を正しく覚えていないと、相手が話す意味を聞き間違えてしまう可能性があります。アクセントの位置の違いで単語の意味や品詞が異なる単語は、ほかにもたくさんあります。

　パンにソーセージをはさんだ "hot dog"「ホットドッグ」は、"hot" に第1アクセントがあります。（"dog" にもアクセントがあると、「かっこいい犬」や「熱い犬」という意味になってしまいます！）このように2つ以上の単語が結びついて1つになった複合語の場合は、最初の単語に第1アクセントがつく傾向がみられます。

Examples　　音声を聞いて、下線部の語句のアクセントの位置を比べましょう。次に、アクセントに注意しながら音声をまねて発音しましょう。🔊

1. The building in the <u>desert</u> was <u>deserted</u>.
2. They built a small <u>white</u> <u>house</u> near the <u>White</u> <u>House</u>.
3. My <u>dancing</u> <u>teacher</u> is over there in the hall with those <u>dancing</u> <u>teachers</u>.

Chapter 10

Examples の解説

1. "desert" が名詞の「砂漠」の場合、音節は "des" と "ert" に分けられ、アクセントは前の "des" に、そして "desert" が動詞の「見捨てる」の場合、音節は "de" と "sert" に分けられ、アクセントは後ろの "sert" につきます。

2. 「1軒の小さな白い家」という意味の名詞句 "a small white house" の "white house" は、"white" と "house" の両方にアクセントがあります 10)。一方、アメリカの大統領が暮らすホワイトハウス "the White House" は複合語なので、"White" に第 1 アクセントがつきます。リスニングでは大文字と小文字の見分けがつかないので、アクセントの位置で意味を判断する必要があります。

3. "dancing teacher" は「ダンス教師」という複合語になっているので、第 1 アクセントの位置は "dancing" の "danc" にあります。"dancing teachers" の場合は、「踊っている教師たち」で、"dancing" と "teachers" の両方にアクセントがあります。

Let's Try!

音声を聞いて、下線部の語句のアクセントの位置を比べましょう。
次に、アクセントに注意しながら音声をまねて発音しましょう。 🔊

1. I would like to present some solutions to the problem.
2. Jane gave me an expensive watch as my birthday present.
3. We've spent a lot of time and effort on this project.
4. Do you think we can project a movie on the school wall?
5. Who was your English teacher when you were a high school student?
6. I married one of the English teachers at my school.
7. I live in a big green house near the station.
8. Global warming has a lot to do with greenhouse gases.
9. They spent happy hours together on the beach.
10. We can get free snacks during happy hour at the bar over there.

（"Let's Try!" の解説は巻末 48、49 ページ）

Chapter 11 英語のリズム (1)
――「内容語」と「機能語」――

Why don't we go to that cafe near the university? I've been wanting to check it out.

早くて聞き取りにくい単語が
たくさん…

Listening Tips

英語には、強く、長く、はっきり発音される単語（「内容語」）と、弱く、短く、あいまいに発音される単語（「機能語」）があります[11]。

内容語は情報を伝えるうえで重要な意味を持つ語で、名詞、動詞、形容詞、副詞、指示代名詞、疑問詞、数詞、助動詞の否定短縮形などがあります。機能語は、話者の意図にもよりますが、通常は辞書的意味よりも文法的機能を担う語で、助動詞、be 動詞、前置詞、冠詞、接続詞、関係詞、人称代名詞などがあります。

<u>この内容語と機能語が、英語ならではの強弱のリズムをつくっています。</u>

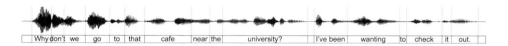

内容語の第 1 アクセントは、時間的にほぼ同じ間隔で現れる傾向があります。以下の 3 つの文では、少しずつ増える機能語をより弱く短く発音することで、内容語の第 1 アクセントが持つ等間隔のリズムは損なわれません。結果として 3 つの文の発話にかかる時間はどれもほぼ同じになります。

英語には聞き取りにくい機能語があることを理解したうえで、それらを完全に聞き取ろうとするのではなく、まずは発話の意味の中心となる内容語のリスニングを意識することが大切です。

Examples

内容語に下線を引いた後、音声を聞いて強く発音される部分を確認し、強弱のリズムを意識しながら発音しましょう。 🔊

1. Dogs eat meat.
2. My dogs will eat some meat.
3. My dogs will be eating some meat.

Examples の解答と解説

1. **Dogs** **eat** **meat**.　3つともすべて強く、長く、はっきり発音される内容語です。

2. My **dogs** will **eat** some **meat**.　内容語は設問文1と同じです。追加された3つの単語 "My" "will" "some" は機能語なので、弱く、短く、あいまいに発音されます。

3. My **dogs** will be **eat**ing some **meat**.　機能語の "be" がさらに追加されています。また "eat" は "eating" になりましたが、アクセントの位置に変化はありません。

Let's Try!

内容語に下線を引いた後、音声を聞いて強く発音される部分を確認し、強弱のリズムを意識しながら発音しましょう。 🔊

1. You should go.
2. I'll meet him at the station.
3. Could you make a reservation for four?
4. Can you tell me the way to the nearest station?
5. John has been learning Japanese for about ten years.
6. The criminal was arrested by the secret police in a beautiful garden.
7. She went to the library to check out some books for her final project.
8. This is the rat that ate the malt that lay in the house that Jack built.

（"Let's Try!" の解答と解説は巻末50ページ）

Chapter 12　英語のリズム (2)
—— 語と語をつなぐ "and" と "or" ——

Between you and me, I don't really like fish and chips. 🔊

フィッシュンチップスってなに？

Listening Tips

　Chapter 11 で扱った聞き取りにくい「機能語」のひとつである等位接続詞は、「語と語」「句と句」「節と節」を対等の関係で結ぶ機能を持ちます。ここでは、等位接続詞のなかでも特によく使われる "and" と "or" について説明します。

　"and" や "or" には文脈によっていく通りもの発音があります。短い語と語をつなぐもっとも一般的な用法では、"and" は /ən/ または /n/ と弱く早く発音され、最後の /d/ は聞こえません。"fish and chips" という白身魚のフライとフライドポテトを組み合わせた伝統的なイギリス料理は、「フィッシュンチップス」と聞こえます。同様に、短い語と語をつなぐ "or" も /ər/ と弱く早く発音されます。"and" と "or" のどちらも、前の単語の最後の子音とつながりやすい傾向にあります。（「Chapter 3　つながる音 (1)」参照）

　語と語をつなぐ "and" や "or" は非常に弱く早くあいまいに発音されるので、とても聞き取りにくいのですが、1 つの意味のまとまりとしてとらえると、次第に英語のリズムに耳が慣れて聞こえるようになります[12)]。

Examples　　音声を聞いて下線部 "and" と "or" の発音を確認し、語句の強弱のリズムを意識しながら発音しましょう。🔊

1. black <u>and</u> white
2. one <u>or</u> two
3. rock <u>and</u> roll
4. dead <u>or</u> alive

Examples の解説

1. "black" と "white" という 2 つの単語をつなげる "and" は、ほとんど「ン」にしか聞こえません。ちなみに、日本語では「白黒」の順番ですが、英語では語呂の良さの関係で語順が逆です。ほかにも、"back and forth"「前後に」、"night and day"「昼夜」、"mom and dad"「父母」など、"and" を用いた語順が逆の表現はいくつもあります。

2. "one" と "two" をつなぐ "or" が /ər/ と弱く発音されるので、「ワナトゥ」のように聞こえます。文字どおり「1 つか 2 つ」という意味ですが、「若干の」という不確かな概数を意味することもあります。

3. アメリカ生まれの音楽の「ロックンロール（ロック）」です。"rock" と "roll" をつなぐ "and" はやはり「ン」と発音されますので、英語でも "rock 'n' roll" と "and" の部分を "n" だけで表記することもあります。

4. 意味は「生死を問わず」で、"dead"「死んでいる」と "alive"「生きている」を /ər/ と弱く発音される "or" がつないでいます。熟語の由来である西部劇の指名手配書だけでなく、現在は音楽のバンド名や映画、ゲームのタイトルなどでも使われています。

Let's Try!

内容語に下線を引いた後、音声を聞いて "and" と "or" の発音を確認し、文全体の強弱のリズムを意識しながら発音しましょう。 🔊

1. I spent a lot of money on this and that.
2. It comes with soup or salad.
3. I prefer wash-and-wear shirts.
4. I have to do it sooner or later.
5. It's raining cats and dogs.
6. Please don't take an all-or-nothing approach.
7. My mother's condition is getting better and better.
8. I can't make head or tail of your opinion.

（"Let's Try!" の解答と解説は巻末 51 ページ）

Chapter 13　英語のイントネーション（1）
── 下降調・上昇調の基本ルール ──

How was your weekend? 🔊

語尾はあがるかさがるか
どっちかにゃ？

Listening Tips

　イントネーションとは、通常、文における音の高さの下降や上昇、その組み合わせによって特徴づけられる音の高低の変化を指します。

　英語の文末でもっとも多く用いられるイントネーションのパターンは下降調で、情報の「完結」や「断定」を表します。一方、上昇調のイントネーションは情報の「未完結」「不確実」「迷い」「遠慮」などを意味します[13]。

　ここではまず、文の種類とイントネーションのパターンに関する基本的なルールを見てみましょう。イントネーションを表記する方法はいろいろありますが、本書では矢印の ↘ と ↗ で下降調と上昇調を表すことにします[14]。

＜下降調＞

平叙文：I had a great weekend. ↘

疑問詞で始まる疑問文：How was your weekend? ↘

命令文：Have a nice weekend! ↘

感嘆文：What a great weekend! ↘

＜上昇調＞

Yes/No 疑問文：Are you free this weekend? ↗

Examples

矢印で示されたイントネーションに注意しながら、音声をまねて発音しましょう。 🔊

1. This isn't yours. ↘
2. Is this yours? ↗
3. Which one is yours? ↘

Examples の解説

1. 平叙文の否定形です。下降調で「これは君のじゃない」と「断定」しています。
2. Yes/No 疑問文です。情報が「不確実」なので、上昇調で相手に返答を求めています。
3. 疑問詞 "which" で始まる疑問文です。疑問詞で始まる疑問文の場合は、疑問詞によって特定される情報を相手に要求しているので、疑問文ではあるものの、迷いの気持ちはないということで下降調になります。

Let's Try!

音声を聞いて（　）内に矢印の ↗ または ↘ を記入し、イントネーションを示しましょう。また、音声をまねて発音しましょう。 🔊

1. Hi!　（　　）
2. Are you okay?　（　　）
3. Don't worry about my brother.　（　　）
4. What a surprise!　（　　）
5. What do you do?　（　　）
6. You'll be late.　（　　）
7. You'd better hurry up or else you'll be late.　（　　）

（"Let's Try!" の解答と解説は巻末 52 ページ）

Chapter 14　英語のイントネーション (2)
── 話者の意図 ──

It's Monday today, so the library is closed? 🔊

これは質問？

Listening Tips

　英語のイントネーションは、Chapter 13で扱った平叙文や命令文のような文の種類による文法上の意味の違いを示すだけでなく、文字では表現できない話者の意図や感情などを伝えるうえでも重要な働きをします。ここでは、同じ文構造であっても話者の意図によってイントネーションが異なる例を見てみましょう。

The library is closed. ↘　（断定）
The library is closed? ↗　（平叙疑問文：不確実）

Sorry. ↘　（断定）
Sorry? ↗　（聞き返し）

Would you like black tea ↗ or green tea? ↘　（ほかに選択肢がない場合）
Would you like black tea ↗ or green tea? ↗　（ほかにも選択肢がある場合）

You like sushi, ↘ don't you? ↘　（付加疑問文：同意を求める場合）
You like sushi, ↘ don't you? ↗　（付加疑問文：確信が持てない場合）

You did it again. ↘　（断定）
You did it again. ↗　（口調を和らげる）

　このように、同じ文であってもイントネーションの違いによって伝わる内容が異なるため、相手の意図をくみ取るためには、単語の意味や発音、文法だけでなく、イントネーションについても正しく理解する必要があります。

Chapter 14

Examples　矢印で示されたイントネーションに注意しながら、音声をまねて発音しましょう。また、話者の意図を考えてみましょう。🔊

1. You saw her. ↘

2. You saw her? ↗

3. You saw who? ↗

Examples の解説

1. 下降調で「君は彼女に会った」と「断定」しています。

2. 情報が「不確実」なため、上昇調で相手に「彼女に会ったの？」と返答を求めていますが、ここでは "Did you see her?" という通常の疑問文のかたちではなく、平叙文の語順になっています。このような平叙疑問文は、カジュアルな会話でしばしば用いられます。

3. 上昇調で相手の発言を聞き返しています。文脈によっては、「誰に会ったって？」という話者の驚きを表すこともあります。

Let's Try!　音声を聞いて、（　）内に矢印の ↗ または ↘ を記入し、イントネーションを示しましょう。また、話者の意図を考えながら発音しましょう。🔊

1. You are Tom's father?　(　　)

2. What did you say?　(　　)

3. It's a beautiful day, (　　) isn't it?　(　　)

4. Would you like apple juice (　　) or orange juice?　(　　)

5. I'll be there on Sunday.　(　　)

（"Let's Try!" の解答と解説は巻末 52、53 ページ）

Chapter 15　言いよどみ現象（1）
── つなぎ言葉 ──

I don't know, uh, what to say… Well, I mean, thank you very much!

Listening Tips

　普段みなさんが日本語で会話をするとき、ニュースキャスターのようになめらかによどみなく話すのではなく、ときどき間が空いたり言い直しをしたりするのではないでしょうか。これはあらゆる言語の発話にみられる「言いよどみ現象」とよばれるもので、英語のネイティブスピーカーの自然な会話にも多く発生します。

　「言いよどみ」があると、そこで会話の流れがいったん中断し英語特有のリズムが崩れてしまうため、英語学習者にはリスニングがより難しく感じられてしまうようです。一般的な英語のリスニング教材では、このような言いよどみ現象は扱っていませんが、本書ではみなさんに自然な話し言葉のリスニングに慣れてもらうため、言いよどみ現象を2つのチャプターに分けて説明しています。

　ここではまず、言いよどみ現象のなかの「つなぎ言葉」について見てみましょう。日本語の「えっと」「あのー」「そのー」「みたいな」にあたるつなぎ言葉は、発話の冒頭や途中で、間をつなぐために、あるいは無意識の口癖として、特別な意味を持たずに使われることの多い表現です[17]。つなぎ言葉は、フォーマルな場面よりも家族や友人とのカジュアルな日常会話で多く使われます。

　代表的な英語のつなぎ言葉には以下のようなものがあります。

uh	um	umm	so	like
I mean	you know	you see	kind of	sort of
actually	basically	of course	anyway	well

Chapter 15

Examples 音声を聞いて、空所に当てはまるつなぎ言葉を書き取りましょう。また、音声をまねて発音しましょう。 🔊

1. The restaurant you recommended was (　　　　　) amazing.

2. I don't watch horror movies, (　　　　　), that much.

3. I'm tired, (　　　　　), because I was up late last night.

Examples の解答と解説

1. like
　"was" という be 動詞のあとに "like" があるため、つなぎ言葉に慣れていないと混乱するかもしれませんが、この "like" は「好き」という意味の動詞ではなく、「みたいな」という副詞です。つなぎ言葉の定番表現として、ほとんど意味なく多用されます。

2. I mean
　"I mean" は「つまり」という意味で、補足説明のために使われるつなぎ言葉です。カジュアルな会話では、補足説明が不要な場面でもひんぱんに用いられます。

3. you know
　"you know" には、文字どおり「知ってる？」「だよね？」「いい？」という相手に尋ねる、同意を求める、または確認するという意味合いもありますが、ここでの "you know" のように、単なるつなぎ言葉として意味なく使われることも多くあります。

Let's Try! 音声を聞いて、空所に当てはまるつなぎ言葉を書き取りましょう。また、音声をまねて発音しましょう。 🔊

1. (　　　　　), (　　　　　), I wasn't that interested in the movie, (　　　　　), the one that you talked about, but I (　　　　　) watched it last night with my girlfriend, and, (　　　　　), you, you know what? It was (　　　　　) great! I really liked it!

2. (　　　　　), I'm, (　　　　　), still very mad at my little brother. (　　　　　), when I got home yesterday, he was (　　　　　) using my laptop, (　　　　　), without my permission!

（"Let's Try!" の解答と解説は巻末 53 ページ）

Chapter 16　言いよどみ現象 (2)
── くり返し・言い直し ──

Can I, can I, uh, can we come with you? 🔊

ぼくも、えっと、ぼくたちもいっしょにいきたいな

ヒヨコも？

Listening Tips

「言いよどみ現象」の代表的なものとして、Chapter 15 で扱った「つなぎ言葉」のほかに以下の3つをあげることができます。

くり返し：次の言葉を発話する前に直前に言った語句を反復する

言い直し：言い間違えた語句を訂正する、またはより適切な別の表現に置き換える

無声休止：言葉や文がすぐ出てこないため、黙る時間（ポーズ）を入れる

英語学習者にとって、言いよどみがあると英語のリスニングが困難になることが指摘されていますが、無声休止については逆にリスニングの理解を助けるといわれています。そこで、ここでは無声休止については扱わず、冒頭の例文 "Can I, can I, uh, can we come with you?" の "Can I, can I" のような「くり返し」と、"can I, uh, can we" のような「言い直し」の2つを見てみたいと思います。

Examples

音声を聞いて、空所に当てはまる語句を書き取りましょう。また、音声をまねて発音しましょう。🔊

1. I'm looking for a room with a, (　　　　　　) view.
2. I think, (　　　　　) you should go now.
3. Do you, (　　　　　) going to the party tonight?

Chapter 16

Examples の解答と解説

1. with a
   とっさに次の言葉がでないときなどに、しばしば前置詞や冠詞、あるいはその両方を繰り返すことがあります。

2. I think
   自分の意見を述べる際に言葉を選んで言いよどんでいると、思わず "I think" を繰り返してしまうことがよくあります。

3. are you
   "Do you" と質問し始めてから "are you" に言い直しています。ネイティブスピーカーでもこのような言い直しは自然に起こります。

Let's Try!

音声を聞いて、空所に当てはまる語句を書き取りましょう。また、音声をまねて発音しましょう。 🔊

1. Why, (　　　　　) did you break up with her?
2. We'd better start, (　　　　　) saving.
3. I don't, (　　　　　) wanna live in a city.
4. I think, (　　　　　) she is not so bad, is she?
5. Why didn't you, (　　　　　) say so?
6. That's an, (　　　　　) interesting.
7. Thank you very much for having me, um, (　　　　　).
8. I'm, (　　　　　) very excited about it.
9. Can you, (　　　　　) speak up a bit?
10. What have you, (　　　　　) been up to?

("Let's Try!" の解答と解説は巻末 54、55 ページ)

Chapter 17 アメリカ英語
── アメリカ英語の発音 ──

More and more actors are now under greater pressure. 🔊

なんだかRの音がたくさん聞こえるにゃ

Listening Tips

　ここではアメリカ英語の発音の特徴をみていきます。日本の多くの教育現場ではアメリカ英語を規範として使用しているため、おそらくみなさんにとっても聞き慣れた発音ではないでしょうか [18]。

① /r/ の発音： more /mɔ́:r/　　actor /ǽktər/
　単語の末尾や子音の前であっても /r/ は発音されます [19]。冒頭の例文 "More and more actors are now under greater pressure." のような、語末に /r/ がある単語を多く含む文をアメリカ人が話すと、/r/ が目立って聞こえるような気がするのはそのためです。

② /t/ の発音： water /wɔ́:tər/　　better /bétər/
　Chapter 6 で学習した /t/ の発音です。/t/ が母音に挟まれる場合、ラ行子音のような発音になります。カタカナ語では「ウォーター」や「ベター」ですが、アメリカ英語では "water" は「ワーラー」、"better" は「ベラー」、そして冒頭の例文の "greater" は「グレイラー」のような発音となります。

③ /æ/ の発音： bath /bǽθ/　　aunt /ǽnt/
　"bath" の "a" や "aunt" の "au" のつづりの箇所が /æ/ で発音されます。

④ /ɑ/ の発音： hot /hɑ́t/　　lot /lɑ́t/
　"o" のつづりの /ɑ/ と発音される箇所は、唇を丸くした日本語の「オ」ではなく、口を大きく開いた「ア」に近い音を長めに発音します。

Chapter 17

Examples　音声を聞いて、空所に当てはまる語句を書き取りましょう。次に、アメリカ英語の特徴に注意して発音してみましょう。 🔊

1. (　　　　　) comes the train.
2. Betty Botter bought some (　　　　　).
3. He always makes me (　　　　　).
4. Please (　　　　　) it!

Examples の解答と解説

1. Here　/híər/
   語末の /r/ は発音されます。

2. butter　/bʌ́tər/
   マザーグースの "Betty Botter" の唄の一節です。"butter" のほかに "Betty" と "Botter" も /t/ の音がラ行子音化され、語末の /r/ は発音されます。

3. laugh　/lǽf/
   "laugh" の "au" は /æ/ と発音されます。

4. stop　/stɑ́p/
   "stop" の "o" は /ɑ/ と発音されます。

Let's Try!　音声を聞いて、空所に当てはまる語句を書き取りましょう。次に、アメリカ英語の特徴に注意して発音してみましょう。 🔊

1. (　　　　　) wanted to move away from the (　　　　　).
2. He got a (　　　　　) of the new shampoo at the (　　　　　).
3. It's (　　　　　) nice.
4. Kate went to the (　　　　　) (　　　　　) with her friends.
5. He likes (　　　　　) (　　　　　) dishes.
6. The girl likes (　　　　　) (　　　　　).

（"Let's Try!" の解答と解説は巻末 55 ページ）

34

Chapter 18　イギリス英語
── イギリス英語の発音 ──

The girl standing by the door is Tom's sister.　

イギリス英語の特徴を見てみよう

Listening Tips

　イギリスには地域や社会的階級などによりさまざまな方言があります。ここでは、そのうちの主なイギリス英語の発音の特徴について見ていきましょう。Chapter 17 で扱ったアメリカ英語の発音と比べると、イギリス英語の特徴がよくわかりますよ [20]。

① /r/ の発音： girl /gə́:l/　　door /dɔ́:/　　sister /sístə/
/r/ は直後に母音が続かない場合は発音されません [21]。"door" は /dɔ́:/ と発音されます。ただし、冒頭の例文中の "door is" では /r/ の後ろに "is" の母音 /ɪ/ があるため /r/ は発音され、"door" /dɔ́:r/ となります。

② /t/ の発音： Saturday /sǽtədi/　　party /pá:ti/
母音に挟まれた /t/ はそのままの音で発音されます。Chapter 6 や Chapter 17 で扱ったようなラ行子音化は起こりません。

③ /ɑ:/ の発音： can't /kɑ́:nt/　　castle /kɑ́:s(ə)l/
"a" は /ɑ:/ と発音されることがあり、"can't" は「カーント」のように聞こえます。

Chapter 18

Examples 音声を聞いて、空所に当てはまる語句を書き取りましょう。次に、イギリス英語の特徴に注意して発音してみましょう。 🔊

1. It's a (　　　　　) she didn't come.
2. It doesn't (　　　　　).
3. Can I (　　　　　) a basic question?

Examples の解答と解説

1. pity　/píti/
   "pity" の /t/ はそのままの音で発音されます。Chapter 6 や Chapter 17 で扱ったようなラ行子音化は起こりません。

2. matter　/mǽtə/
   "matter" の /t/ はそのままの音で発音されます。また語尾の "r" の後ろには母音が続かないため /r/ は発音されません。

3. ask　/ɑ́ːsk/
   "ask" の "a" は /ɑː/ と発音され、"ask" は「アースク」のように聞こえます。

Let's Try! 音声を聞いて、空所に当てはまる語句を書き取りましょう。次に、イギリス英語の特徴に注意して発音してみましょう。 🔊

1. She runs a (　　　　　) department store in London.
2. Whose (　　　　　) is parked near that (　　　　　)?
3. (　　　　　) has arrived at (　　　　　).
4. You can use our facilities (　　　　　) (　　　　　) (　　　　　).

("Let's Try!" の解答と解説は巻末 56 ページ)

Chapter 19　オーストラリア英語
── オーストラリア英語の発音 ──

No worries. It'll be a great day! 🔊

「グライダイ」ってなに？

Listening Tips

　オーストラリア英語は、直後に母音が続かない /r/ が発音されないことや /ɑː/ と発音される "a" など、発音の面で Chapter 18 で紹介したイギリス英語と似ている点が多くありますが、以下のようなオーストラリア英語に特有の発音もあります [22]。

① （米英）/eɪ/ → （豪）/ʌɪ/： day　　mate　　face

　冒頭の例文の "No worries." は、「心配しないで」「了解」「どういたしまして」などのさまざまな意味を持つオーストラリア人がよく使う表現です。その後に続く "great day" は、アメリカ英語やイギリス英語では /gréɪt déɪ/ と発音されますが、オーストラリア英語では、/eɪ/ は /ʌɪ/ と発音される傾向があるため、"great day" は「グライダイ」のように聞こえることが多いようです。

② （米英）/aɪ/ → （豪）/ɑɪ/： price　　nine　　buy

　たとえば "price" は、アメリカ英語やイギリス英語では /práɪs/ と発音されますが、オーストラリア英語では、/aɪ/ は /ɑɪ/ と発音される傾向があるため、"price" は「プライス」ではなく「プロイス」のように聞こえることが多いようです。

　また、オーストラリア英語の特徴のひとつに、"Australian Question Intonation" とよばれるイントネーションがあります。これは肯定文・疑問文を問わず、文末のイントネーションを下げずに、語尾を上げたまま終わるのが特徴です。

Chapter 19

Examples　音声を聞いて、空所に当てはまる語句を書き取りましょう。次に、オーストラリア英語の特徴に注意して発音してみましょう。　🔊

1. Are you (　　　　　)?
2. She (　　　　　) it.

Examples の解答と解説

1. okay
   アメリカ英語やイギリス英語の発音では "okay" の "ay" は /eɪ/ ですが、オーストラリア英語では /eɪ/ が /ʌɪ/ と発音され、「オゥカイ」のように聞こえることが多いようです。

2. likes
   アメリカ英語やイギリス英語では "like" の発音は /láɪk/ ですが、オーストラリア英語では /aɪ/ が /ɑɪ/ と発音され、「ロイク」のように聞こえることが多いようです。

Let's Try!　音声を聞いて、空所に当てはまる語句を書き取りましょう。次に、オーストラリア英語の特徴に注意して発音してみましょう。　🔊

1. Her (　　　　　) is Sarah.
2. He pushed the (　　　　　) buttons.
3. He'll go to the hospital (　　　　　).
4. He goes to school by (　　　　　).
5. She (　　　　　) a (　　　　　) at this hotel.

　　　　　　　　　　　　　　　（"Let's Try!" の解答と解説は巻末 56、57 ページ）

Chapter 20　World Englishes
── 日本語、中国語、フランス語母語話者の英語の発音 ──

I'm very hungry. 🔊

「アングリー」？
怒ってるの？

Listening Tips

　"World Englishes" とは、世界で話されているさまざまな形態の英語を指します。現在、世界には 15〜19 億人といわれる英語話者がおり、そのうちの 7 割以上が母語としてではなく、第 2 言語や外国語として英語を使用しています[23]。　そのため現代のグローバル社会においては、非母語話者同士でのコミュニケーションにおいても、国際共通語として英語を使用する必要があります。私たち日本語母語話者を含めた非英語圏の人たちが話すそれぞれの英語の多様性を尊重しながら、それらの英語の発音に慣れることが大切です。

　ここでは、World Englishes の例として、日本語、中国語、フランス語母語話者が話す英語の主な特徴について、それぞれ見ていきましょう[24]。

① 日本語母語話者の英語の発音
　子音に母音を付け足して発音する、ひとつひとつの単語を区切って発音する、カタカナ語やローマ字読みの影響を受けやすいといった特徴があります。また Chapter 1、2 で扱ったように、英語には日本語にない音が多くあるため、ほかの音で代替する傾向があります。

② 中国語母語話者の英語の発音[25]
　日本語に比べると中国語は音の数が豊富ですが、英語の /b, d, g/ をそれぞれパ行、タ行、カ行の子音のように発音することがあります[26]。また、/θ, ð, v/ などに相当する音がないため、ほかの音で代替する場合があります。

③ フランス語母語話者の英語の発音[27]
　英語の長母音 /iː/ や /ɑː/ を短母音に変化させて発音する場合があります。またフランス語の /r/ の音の影響で、冒頭の例文の "very" の /r/ のように、英語の /r/ を発音するときに喉の奥を震わせるような音になることがあります。そのほか、フランス語では /h/ は発音されず無音のため、冒頭の例文の "hungry" が "angry" のように聞こえることがあります。

Chapter 20

Examples　次の英文について、日本語、中国語、フランス語母語話者が話す英語の特徴に注意しながら聞き比べてみましょう。 🔊

Your bag is really heavy.

Examples の解説

日本語母語話者
子音の後ろに母音をつける傾向にあるため、ここでは、"is" /ɪz/ の語末が「ズ」と母音をつけて発音されています。またひとつひとつの単語を区切って発音する傾向にあるため、通常の英語の発音ではつながって聞こえる "bag" と "is" が、ここでは区切って発音されています。さらに、"really" /ríː(ə)li/ の /r/ と "heavy" /hévi/ の /v/ は日本語にない子音なので、それぞれ別の音を使い「レアリー」「ヘビー」などのように発音されています。

中国語母語話者
"bag" /bæɡ/ の /b/ がパ行の子音のような音になり「パー」と聞こえます。さらに "heavy" /hévi/ の /v/ は中国語にない子音なので、「ヘウィー」のように発音されています。

フランス語母語話者
フランス語の影響で "really" /ríː(ə)li/ の /r/ が喉の奥を震わせるような音に聞こえます。またフランス語では /h/ は発音されないため、"heavy" /hévi/ の /h/ は発音されず、"heavy" の "he" は「エ」と聞こえます。

Let's Try!　日本語（1-4）、中国語（5-7）、フランス語母語話者（8-10）が話す英語の特徴に注意しながら、次の英文の音声を聞いてみましょう。 🔊

1. Do you know that?
2. You can count on me.
3. He gave me some advice on it.
4. Why don't you take a bath?
5. He bought a new boat last month.
6. Can you open the door for me?
7. Do you know the value of silence?
8. You can't beat it!
9. I was happy to see you last week.
10. How do I turn the heating up?

（"Let's Try!" の解説は巻末 57、58 ページ）

Let's Try! 解答と解説

Chapter 1　日本語にない母音

1. "private" の "a" があいまい母音として発音されます。

2. "method" の "o" があいまい母音として発音されます。

3. "stadium" の "u" があいまい母音として発音されます。

4. "holiday" の "i" があいまい母音として発音されます。

5. "lemon" の "o" があいまい母音として発音されます。

6. "purpose" の "o" があいまい母音として発音されます。

7. "breakfast" の 2 つめの "a" があいまい母音として発音されます。

8. "custom" の "o" があいまい母音として発音されます。

9. "museum" の 2 つめの "u" があいまい母音として発音されます。

10. "ability" には母音が 3 つあります。そのうち第 1 アクセントがある 1 つめの "i" 以外の母音、つまり "a" と 2 つめの "i" があいまい母音として発音されます。

Chapter 2　日本語にない子音

1. Red /réd/,　lorry /lɔ́:ri/

    "lorry"「トラック」

    "Red lorry, yellow lorry, red lorry, yellow lorry." は英語の早口言葉（"tongue twisters"）です。/r/ と /l/ の音がたくさん含まれているので、音の違いに注意しながら声に出して練習してみましょう。

2. threw /θrú:/,　throws /θróʊz/

    "free throw"「フリースロー」

    "He threw three free throws." も早口言葉です。/θ/ の音の練習になります。

3. brother /brʌ́ðər/,　another /ənʌ́ðər/,　mother /mʌ́ðər/

    "brother from another mother"「とても仲の良い（男同士の）友達」

    "brother from another mother" は直訳すると「異母兄弟」ですが、兄弟のように仲が良い友人を意味するカジュアルな表現で、"brother" "another" "mother" の語末の /ðər/ の音が韻を踏んでいます。

4. collect /kəlékt/, correct /kərékt/
   "collect"「集める」と "correct"「正しい」は、/r/ と /l/ の音の違いでまったく異なる単語になります。

5. pass /pǽs/, path /pǽθ/
   "pass"「通過する」と "path"「小道」は、/s/ と /θ/ の音の違いでまったく異なる単語になります。

6. breathed /bríːðd/, breeze /bríːz/
   "breathe"「吸い込む」と "breeze"「そよかぜ」は、/ð/ と /z/ の音の違いでまったく異なる単語になります。

Chapter 3　つながる音 (1)

1. First of all, job on　/fə́ːrstəvɔ́ːl/, /dʒábɑn/

2. bridge is strong enough　/brídʒɪzstrɔ́ːŋɪnʌ́f/
   "resist a big earthquake" /rɪzístəbígéːrθkwèɪk/ でも音がつながっています。

3. booked our, well in advance　/búktaʊər/, /wélɪnədvǽns/

4. with a friend of　/wəðəfréndə/

5. rode on a, half an hour　/róʊdɑnə/, /hǽfənáʊər/

6. wish I, more about it　/wíʃaɪ/, /mɔ́ːrəbáʊtɪt/

7. Both of us are　/bóʊθəvəsər/

8. has an effect on it　/hǽzənɪféktɑnɪt/

9. cut up an onion　/kʌ́tʌ́pənʌ́njən/

10. Come on in, check out our spring and　/kʌ́mɑnín/, /tʃékáʊtáʊərspríŋən/
    "summer items" /sʌ́məráɪtəmz/ でも音がつながっています。

Chapter 4　つながる音 (2)

1. with you　/wíðju/

2. wish you　/wíʃju/

3. Nine years　/náɪnjíərz/

4. bring yourself　/bríŋjʊərsélf/
   "Just bring yourself"「手ぶらで来てね」

5. call you, reach you   /kɔ́ːlju/, /ríːtʃju/

6. bag you're   /bǽgjər/

7. judge you   /dʒʌ́dʒju/

8. research unit   /rɪsə́ːrtʃjúːnət/
"joint research unit"「連携研究ユニット」
"unit" のつづりは "y" ではなく "u" で始まりますが、発音は /júːnət/ なので /j/ の音で始まります。

9. help yawning   /hélpjɔ́ːnɪŋ/
"can't help ~ing"「～せずにはいられない」
"yawn"「あくびをする」

10. can you make use of your   /k(ə)njuméɪkjúːsəvjər/
"make use of ~"「～を利用する、～を活用する」

Chapter 5　変化する音 (1)

1. need your   /níːd/ + /jər/ → /níːdʒər/
"need" の /d/ と "your" の /j/ が混じり合い「ジ」のような発音に変化しています。

2. makes you   /méɪks/ + /ju/ → /méɪkʃu/
"makes" の /s/ と "you" の /j/ が混じり合い「シ」のような発音に変化しています。

3. not yet   /nát/ + /jét/ → /nátʃét/
"not" の /t/ と "yet" の /j/ が混じり合い「チ」のような発音に変化しています。

4. as you   /əz/ + /ju/ → /əʒu/
"as" の /z/ と "you" の /j/ が混じり合い「ジ」のような発音に変化しています。"just as you said" は「君の言うとおり」や「おっしゃるとおり」という意味です。

5. cost you, 30,000 yen (thirty thousand yen)
/kɔ́ːst/ + /ju/ → /kɔ́ːstʃu/,　/θə́ːrtiθáʊz(ə)nd/ + /jén/ → /θə́ːrtiθáʊz(ə)ndʒén/
"cost" の /t/ と "you" の /j/ が混じり合い「チ」のような発音に変化しています。また、"thousand" の /d/ と "yen" の /j/ が混じり合い「ジ」のような発音に変化することがあります。

6. This year, last year　　/ðís/ + /jíər/ → /ðíʃíər/,　/lǽst/ + /jíər/ → /lǽstʃíər/

   "This" の /s/ と "year" の /j/ が混じり合い「シ」のような発音に、"last" の /t/ と "year" の /j/ が混じり合い「チ」のような発音に変化しています。

7. case you're, here's your　　/kéɪs/ + /jər/ → /kéɪʃər/,　/híərz/ + /jər/ → /híərʒər/

   "case" の /s/ と "you're" の /j/ が混じり合い「シ」のような発音に、"here's" の /z/ と "your" の /j/ が混じり合い「ジ」のような発音に変化しています。

Chapter 6　変化する音 (2)

太字の部分の発音が、ラ行子音のような音に変化しています。

1. little /lítl/,　sitting /sítɪŋ/

2. pudding /púdɪŋ/,　city /síti/

   日本語の「プリン」は、"custard pudding" の "pudding" がカタカナ語化したものといわれています。ここでは母音に挟まれた /d/ が後ろの母音と合わせて「リ」と発音されています。

3. heating /híːtɪŋ/,　better /bétər/

   "heating"「暖房（装置）」

4. leader /líːdər/,　middle /mídl/

5. interpreters /ɪntə́ːrprətərz/,　interpretation /ɪntə̀ːrprətéɪʃ(ə)n/

   "conference"「会議」　"multiple"「複数の」　"simultaneous interpretation"「同時通訳」
   "interpreters" と "interpretation" のどちらも 2 つめの /t/ が母音に挟まれていますが、"interpretation" では 2 つめの /t/ の後ろにアクセントのある強い母音が続くため、/t/ のラ行子音化は起こっていません。

6. Check it out /tʃékɪtáʊt/

   "it" の /t/ の後ろの母音 /aʊ/ には強いアクセントが置かれています。同じ語の中で /t/ とアクセントのある母音が続いている場合には /t/ のラ行子音化は起こりませんが、ここでは同じ語の中の音ではないため、/t/ のラ行子音化が起こっています。
   ちなみに、カタカナ語の「チェケラ」の「ラ」はこの /t/ と /aʊ/ をつなげた発音が基になっています。

7. Not at all /nátətɔ́ːl/

8. Put it away /pútɪtəwéɪ/
   "put away"「片付ける」

Chapter 7　聞こえなくなる音 (1)

1. luck /lʌ́k/
   "luck" の /k/ は発話の切れ目にあるため、ほとんど聞こえなくなっています。
   なお、文中の "best" の語末音は /t/ ですが、後ろの "of" の母音 /ə/ とつなげて発音されるため、ここでは聞こえなくなっていません。

2. plastic bag /plǽstɪk bǽg/
   "plastic bag"「ビニール袋、ポリ袋」
   "plastic" の 語末の /k/ は直後に "bag" の子音 /b/ が続くため、ほとんど聞こえなくなっています。そして "bag" の /g/ は発話の切れ目にあるため、こちらもほとんど聞こえなくなっています。
   文中の "need" の 語末音は /d/ ですが、後ろの "a" の母音 /ə/ とつなげて発音されるため、ここでは聞こえなくなっていません。

3. good start /gúd stáːrt/,　deep /díːp/
   "good" の語末の /d/ は直後に "start" の子音 /s/ が続くため、ほとんど聞こえなくなっています。"deep" の語末の /p/ も、後ろに "breath" の子音 /b/ が続くため聞こえなくなりやすいです。また、"start" の語末の /t/ は発話の切れ目にあるため、こちらもほとんど聞こえなくなっています。

4. some more /s(ə)m mɔ́ːr/,　web page /wέb pèɪdʒ/
   "some more" では同じ子音 /m/ が単語間で続くため、2つの /m/ がやや長い1つの /m/ に聞こえます。"web" の語末の /b/ は、後ろに "page" の子音 /p/ が続くため聞こえなくなりやすいです。

5. cope with things like /kóʊp wəθ θíŋz láɪk/
   "cope with ..."「…に対処する」
   "cope" の 語末の /p/ は直後に "with" の子音 /w/ が続くため、ほとんど聞こえなくなっています。"like" の 語末の /k/ も、直後に "this" の子音 /ð/ が続くため聞こえなくなりやすいです。また、"with things" では同じ子音 /θ/ が単語間で続くため、"with" の /θ/ が聞こえにくくなっています。なお、"with" の発音には /wəθ/ だけでなく、Examples の 3 番の "with them" で扱ったように /wəð/ もあります。

Chapter 8　聞こえなくなる音 (2)

1. lightning /láɪtnɪŋ/

   "lightning"「稲妻、稲光」
   /n/ の直前の /t/ は、息が口からではなく鼻から抜けて、はっきりとは聞こえない音になっています。

2. written /rítn/

   /n/ の直前の /t/ は、息が口からではなく鼻から抜けて、はっきりとは聞こえない音になっています。

3. interview /íntərvjùː/

   "interview"「面接」
   /n/ と /ər/ の間の /t/ が消えたような発音になっています。

4. painting /péɪntɪŋ/

   "painting" の /n/ の直後の /t/ が消えたような発音になり、"painting" が "paining" /péɪnɪŋ/ に似た発音になっています。

5. certainly /sə́ːrtnli/

   "make a difference"「変化をもたらす、違いを生む」
   /n/ の直前の /t/ は、息が口からではなく鼻から抜けて、はっきりとは聞こえない音になっています。

6. wanted /wɔ́ːntəd/,　Britain /brítn/

   "wanted" では、/n/ と /əd/ の間の /t/ が消えたような発音になっています。"Britain" の /n/ の直前の /t/ は、息が口からではなく鼻から抜けて、はっきりとは聞こえない音になっています。

7. plenty /plénti/,　cotton /kátn/

   "plenty" では、/n/ と /i/ の間の /t/ が消えたような発音になっています。"cotton" の /n/ の直前の /t/ は、息が口からではなく鼻から抜けて、はっきりとは聞こえない音になっています。

8. curtains /kə́ːrtnz/,　center /séntər/

   "curtains" の /n/ の直前の /t/ は、息が口からではなく鼻から抜けて、はっきりとは聞こえない音になっています。"center" では、/n/ と /ər/ の間の /t/ が消えたような発音になっています。

Chapter 9 　/ l / の音

太字の部分の発音は「ウ」や「オ」のように聞こえます。

1. Hold /hóʊld/

   "Hold on a second, please."「ちょっと待ってください。」

2. multiple /mʌ́ltəp(ə)l/

   "multiple" の 2 つの / l / はどちらも "multiple" の / t / と "copies" の /k/ という子音の前にあります。また、1 つめの / l / の前の /ʌ/ は「オ」のような響きになり、"multiple" は「モウティポー」や「モウティプー」のように聞こえる場合があります。

3. tunnel /tʌ́nl/

   "tunnel"「トンネル」
   カタカナ語では「トンネル」ですが、英語では「タノー」や「タヌー」のように聞こえます。

4. bulb /bʌ́lb/

   "bulb"「電球」
   / l / の前の /ʌ/ が「オ」のような響きになり、"bulb" は「ボウブ」のように聞こえる場合があります。

5. middle /mídl/

   "middle" の発音は Chapter 6 で学習したとおり /d/ がしばしばラ行子音のような音に変化するため、「ミロー」や「ミルー」に近くなります。

6. whole /hóʊl/, level /lév(ə)l/

   "take ... to a whole new level"「…をまったく新しいレベルにもっていく」

7. smell /smέl/, awful /ɔ́:fəl/

   "smell" は / l / の前の /ε/ が「ア」のような響きになり、「スマウ」や「スマオ」のように聞こえる場合があります。

8. will /wɪl/, tell /tέl/

   "Time will tell."「時がたてばわかる。」
   "tell" は / l / の前の /ε/ が「ア」のような響きになり、「タウ」や「タオ」のように聞こえる場合があります。

9. She'll /ʃɪl/, file /fáɪl/, email /íːmèɪl/
   "via email"「E メールで」

10. I'll /aɪl/, solve /sálv/, puzzle /pʌ́z(ə)l/
    学習者が "I'll" を「オイウ」や「オーウ」のように聞き、"oil" や "all" と間違える例もあるようです。

Chapter 10 英語のアクセント

1. pre**sent**
   後ろにアクセントのある「提案する」という意味の動詞です。「名前動後」という表現があるように、同じつづりの単語で名詞と動詞がある場合は、名詞は前にアクセント、動詞は後ろにアクセントがつく傾向が高くなっています。

2. **pres**ent
   前にアクセントがある名詞「プレゼント」です。

3. **proj**ect
   前にアクセントがある名詞「プロジェクト」です。

4. pro**ject**
   後ろにアクセントがある「投影する」という意味の動詞です。

5. **Eng**lish teacher
   "English" を形容詞として使う場合、「英語の」のほかに「イギリス人の」という意味があり、"English teacher" が「英語の教師」か「イギリス人の教師」のどちらを意味するかは、アクセントの位置で判断します。ここでは "English" の "Eng" に第 1 アクセントがあるため、「英語の教師」という意味になります。

6. **Eng**lish **teach**ers
   "English" と "teachers" の両方にアクセントがあるので、"English" は「イギリス人の」という意味になります。

7. **green house**
   "green" は「緑の」という形容詞、"house" は「家」という名詞です。複合語ではないので、両方にアクセントがあります。

8. **green**house

   "green" と "house" がつながり複合語になっているので、第 1 アクセントの位置は前の "green" にあり「温室」という意味になります。なお、複合語には、"greenhouse" のように 1 語になる場合や、ハイフンでつながれる場合、複数の単語に分かれる場合など、さまざまな表記方法があります。

9. **hap**py **hours**

   "happy" は「楽しい、幸せな」という形容詞、"hour (s)" は「時間」という通常の名詞なので、両方にアクセントがあります。

10. **hap**py hour

    "happy" と "hour" がつながった複合語で、レストランやバーなどの飲食店が、酒類や軽食の割引サービスを行う夕方の時間帯のことを指します。近年では、日本の居酒屋などでも「ハッピーアワー」として広く導入されています。第 1 アクセントは前の "happy" につきます。

単語の意味から複合語の意味を推測できる場合もありますが、"**White** House" で「米国大統領官邸」や "**green**house" で「温室」のように、知らないと意味がまったくわからないという複合語も多くあります。
以下に、複合語とそれに対応する形容詞と名詞を組み合わせた一般的な名詞句の例を紹介します。

複合語	形容詞＋名詞
blackboard「黒板」	**black board**「黒い板」
blackbird「クロウタドリ」	**black bird**「黒い鳥」
bluebird「ルリツグミ」	**blue bird**「青い鳥」
Blue House「ブルーハウス」（韓国大統領府）	**blue house**「青い家」
bluebell「ブルーベル」（花の名前）	**blue bell**「青いベル」
dancing instructor「ダンス教師」	**danc**ing in**struc**tor「踊っている教師」
goldfish「金魚」	**gold fish**「金色の魚」
shortbread「ショートブレッド」（バタークッキー）	**short bread**「短いパン」
short list「最終候補者名簿」	**short list**「短いリスト」

Chapter 11 英語のリズム (1)

内容語のアクセント部分（下線の太字の箇所）を等間隔で手をたたきながら発音してみてください。英語の強弱のリズムがよくわかりますよ。

1. You should **go**.

2. I'll **meet** him at the **sta**tion.

3. Could you **make** a reser**va**tion for **four**?
   "for" と "four" を個別に発話する場合の発音は /fɔːr/ で同じですが、ここでは "for" は機能語（前置詞）、"four" は内容語（数詞）のため、"for" は /fər/ と弱く発音されます。

4. Can you **tell** me the **way** to the **near**est **sta**tion?

5. **John** has been **learn**ing Japa**nese** for about **ten years**.

6. The **crim**inal was ar**rest**ed by the **se**cret po**lice** in a **beau**tiful **gar**den.

7. She **went** to the **li**brary to **check out** some **books** for her **fi**nal **proj**ect.
   "check out"「（本などを）借り出す」

8. **This** is the **rat** that **ate** the **malt** that **lay** in the **house** that **Jack built**.
   これは "London bridge is falling down" や "Twinkle, twinkle, little star" などでみなさんもおなじみの、「マザーグース」や「ナーサリーライム」とよばれる有名な英語の童謡のひとつ "This is the house that Jack built" からの一節です。童謡は英語のリズムを練習するのに最適です。以下に "This is the house that Jack built" の最初の部分を紹介します。

   This is the **house** that **Jack built**.

   This is the **malt** that **lay** in the **house** that **Jack built**.

   This is the **rat** that **ate** the **malt** that **lay** in the **house** that **Jack built**.

   This is the **cat** that **killed** the **rat** that **ate** the **malt** that **lay** in the **house** that **Jack built**.

   This is the **dog** that **wor**ried the **cat** that **killed** the **rat** that **ate** the **malt** that **lay** in the **house** that **Jack built**.

   This is the **cow** with the **crum**pled **horn** that **tossed** the **dog** that **wor**ried the **cat** that **killed** the **rat** that **ate** the **malt** that **lay** in the **house** that **Jack built**.

Chapter 12 英語のリズム (2)

1. I <u>spent</u> a <u>lot</u> of <u>money</u> on <u>this</u> and <u>that</u>.
   "this and that"「あれこれ、あれやこれや」
   日本語と順番が逆になっています。

2. It <u>comes</u> with <u>soup</u> or <u>salad</u>.
   レストランでスープかサラダのサイドメニューを選択できる際の表現です。"or" が弱い /ər/ の音で発音されるので、「スーパァサラッ」のように聞こえます。

3. I <u>prefer</u> <u>wash</u>-and-<u>wear</u> <u>shirts</u>.
   "wash-and-wear"「アイロン不要で着ることができる、ノーアイロンの」

4. I <u>have</u> to <u>do</u> it <u>sooner</u> or <u>later</u>.
   "sooner or later"「遅かれ早かれ」
   日本語と語順が逆になっています。

5. It's <u>raining</u> <u>cats</u> and <u>dogs</u>.
   "rain cats and dogs"「どしゃぶりの雨が降る」
   "cats and dogs" も日本語の「犬猫」という語順と逆です。また、日本では仲が悪いのは「犬猿の仲」ですが、英語では "fight like cats and dogs" のように犬の相手は猿ではなく猫となっています。

6. <u>Please</u> <u>don't</u> <u>take</u> an <u>all</u>-or-<u>nothing</u> <u>approach</u>.
   "all or nothing"「いちかばちかの、全か無かの」

7. My <u>mother's</u> <u>condition</u> is <u>getting</u> <u>better</u> and <u>better</u>.
   "get better and better"「だんだん良くなる」
   「比較級 and 比較級」で「ますます（だんだん）〜」という意味になります。

8. I <u>can't</u> <u>make</u> <u>head</u> or <u>tail</u> of your <u>opinion</u>.
   "can't make head(s) or tail(s)"「まったく理解できない」
   ほかにも、"heads or tails" には「硬貨（コイン）の表と裏」という意味もあり、コインを投げて順番を決める際などに使われます。

Chapter 13　英語のイントネーション (1)

1. ↘

英語の下降の変化は日本語よりもはるかに大きく、たとえば英語の"Hi!"と日本語の「はい」では、音域に2倍以上の高低差があるといわれています。

2. ↗

Yes/No 疑問文です。

3. ↘

命令文です。

4. ↘

感嘆文は自分が感じたままを「断定」して述べるため、下降調になります。"What a surprise!"は、感動したときやポジティブなことに驚いたときに便利な表現です。

5. ↘

疑問詞"What"で始まる疑問文です。相手の職業を尋ねる決まり文句で、文の最後に"for a living"が省略されています。"What's your job?"は直接的な聞き方です。場合によっては失礼な印象を与えることがあるので、注意が必要です。

6. ↘

平叙文です。

7. ↘

これまでの例文はすべて発音上のまとまりが1つでしたが、この設問文は発音上のまとまりが"You'd better hurry up"と"or else you'll be late"の2つになります [15]。ポーズの前のまとまりの最後の"up"ではイントネーションが少ししか下降しません。完全には下がりきらないことで、ポーズの後ろにまだ文が続くことを示唆しています。2つめのまとまりについては、上記6と同じように、"late"で完全に下降します。

Chapter 14　英語のイントネーション (2)

1. ↗

カジュアルな会話で使用される平叙疑問文です。情報が「不確実」なため、上昇調で相手に返答を求めています。

2. ↗

疑問詞で始まる疑問文は通常は下降調ですが、ここでは上昇調になっているため、相手の発言を聞き返していることがわかります。

なお、ここでは "What did you" が「ワリジュ」のように聞こえますが、これは "What did you" が早口になると "did" の1つ目の /d/ が「リ」のような音に変化し、「ワリジュ」のように発音されることがあるからです。同様に、"What do you" の場合も、早口になると "do" の /d/ が「リ」のような音になり、「ワリユ」のように発音されることがあります。

3. ↘ ↘
ここでは付加疑問文が下降調のため、話者は相手と一緒に晴天を見上げているような状況で、相手に「いい天気だね」と同意を求めていることがわかります。たとえば電話越しに相手がいる場所の天気の話をしているような状況では、話者は天気が良いかどうか確信が持てないため、付加疑問文は上昇調になることが予想されます。

4. ↗ ↘
選択肢を列挙する場合は、最後の選択肢以外はすべて上昇調になります。最後の選択肢はほかに選択肢がない場合は必ず下降調になるので、ここではリンゴジュースとオレンジジュースの2択ということがわかります。グレープジュースなどほかにも選択肢がある場合は最後も上昇調になります。したがって、列挙や並列の場合の意味の違いを理解するには、最後の要素のイントネーションを聞き取ることが重要です。

5. ↗
上昇調ですが、「私は日曜日に行きますか？」では意味が不自然なので、ここでは平叙疑問文ではなく「私は日曜日に行きます」という平叙文であることがわかります。通常平叙文は下降調ですが、ここでは断定を避けて口調を和らげたいという話者の意図がイントネーションに反映され、上昇調になっています[16]。

Chapter 15 言いよどみ現象 (1)

1. Well, actually, I mean, kind of, uh, like

   冒頭や途中にたくさんのつなぎ言葉が使われているために、それらを除いた "I wasn't that interested in the movie, the one that you talked about, but I watched it last night with my girlfriend, and you, you know what? It was great! I really liked it!" よりも聞き取りにくいと感じるかもしれません。カジュアルな日常会話では、このように多くのつなぎ言葉が、間をつなぐ目的で、あるいは口癖のように習慣的に使われます。

2. So, you know, Basically, like, I mean

   "laptop"「ノートパソコン」
   つなぎ言葉を除くと、"I'm still very mad at my little brother. When I got home yesterday, he was using my laptop without my permission!" となります。

Chapter 16　言いよどみ現象 (2)

1. why

    "break up with A"「（カップルや夫婦で）A と別れる」
    "make up with A"「 A と仲直りする」

2. start

3. I don't

4. I think

5. didn't you

    ここでは "Why didn't you" の "didn't you" が「ディンニュー」のように聞こえますが、これは "didn't" の 2 つ目の /d/ と /t/ が発音されず、/t/ の前の /n/ と "you" /ju/ の /j/ がつながるために「ディンニュー」のように発音されることがあるからです。その他にも、"didn't you" の発音には、 /t/ と /j/ がつながり「ディドゥンチュー」、/t/ が発音されず「ディドゥンユー」、2 つ目の /d/ が発音されず「ディンチュー」、2 つ目の /d/ と /t/ が発音されず「ディンユー」など、いくつもの音変化があります。

6. that's

    "That's an interesting" の後ろに名詞を続けるつもりが、途中で言い直して冠詞を外し "that's interesting" となっています。

7. having us

    "Thank you for having me."「お招きいただきありがとうございます」
    家やパーティーなどに招かれたとき、あるいはホームステイでホストファミリーにお世話になったとき、最初のあいさつや別れ際のあいさつで使用する定番表現です。ここでは、"having me" と言ってから、招かれたのが自分だけではないことに気づき、とっさに "having us" と言い直しています。

8. we're

    "I'm" と言いかけてから、そのことについてわくわくしているのが自分だけではないことに気づき、とっさに "we're" と言い直しています。

9. could you

    "speak up"「大きな声で話す」
    "can you…?" も "could you…?" もどちらも人に何か依頼する際に使用する表現です。"could you…?" のほうがより丁寧な印象になります。

10. you boys

"How have you been up to?"「最近どうしてた？（挨拶表現）」

"you" には「あなた」と「あなたたち」の両方の意味がありますが、"you" が相手 1 人を指しているのか複数の対象を意味しているのかわかりにくいことがあります。そこで、しばしば日常会話では「あなたたち」という意味が明確になるように、"you guys" "you all" "you kids" のように、"you" の後ろに複数形を続けることがあります。ここでも、"you" と言ってから、目の前の「あなた」ではなく「あなたたち」を指していることが伝わるように、"you boys" と言い直しています。

Chapter 17　アメリカ英語

1. Tom /tám/,　city /síti/

   "city" の "t" はラ行子音のような音です。また "Tom" の "o" は、33 ページの "Listening Tips" でみたアメリカ英語の 4 つめの特徴に当てはまり、発音は /tám/ となります。

2. sample /sǽmp(ə)l/,　barbershop /báːrbərʃɑp/

   "sample" の "a" は /æ/ と発音されます。また "barbershop" の 2 つの "r" の音は発音され、"shop" の "o" は /ɑ/ と発音されます。

3. pretty /príti/

   / t / が母音に挟まれる場合はラ行子音のような発音となるため、語末の /ti/ は「リ」のように聞こえます。なお、ここでの "pretty" は「かわいい」という意味の形容詞ではなく「とても」という副詞です。

4. dance /dǽns/,　party /páːrti/

   "dance" の "a" は /æ/ と発音されます。また "party" の "t" はラ行子音のような音になるため「パーリー」のように聞こえます。

5. hot /hát/,　pot /pát/

   "hot pot dishes"「鍋料理」

   "hot" と "pot" の "o" は /ɑ/ と発音されます。

6. polar /póʊlər/,　bears /béərz/

   "polar bear"「シロクマ、ホッキョクグマ」

   "polar" と "bears" の /r/ の音は発音されます。

Chapter 18 イギリス英語

1. large /lá:dʒ/

    /r/ は発音されず「ラージ」のように発音されます。また設問文にある "department" にみられる /r/ も、後ろに母音が続かないため発音されません。"store" は後ろに "in" /ɪn/ の /ɪ/ という母音が続いていますが、全体的に発話の速度がゆっくりで "store" と "in" の間が少し途切れているため、 /r/ は発音されず「ストー」のように発音されています。
    なお、イギリス英語では「小売り店」に "shop" を用いることが一般的で、"store" は「デパート」のような大型店舗を意味することが多いようです。

2. car /ká:r/,　bar /bá:/

    "car" は後ろに母音が続かない場合には、/r/ は発音されず「カー」のように聞こえますが、ここでは "car is" と /r/ の後ろに "is" /ɪz/ の /ɪ/ という母音が続いているため /r/ は発音され、/ká:r/ となります。一方で、"bar" は後ろに母音が続かないため /r/ は発音されず、/bá:/ となり、「バー」のように発音されます。また、設問文にある "parked" と "near" にみられる /r/ も発音されません。

3. Summer /sʌ́mə/,　last /lá:st/

    "Summer" の語末の /r/ は後ろに母音が続かないため発音されません。"last" の "a" は /ɑ:/ のように発音されます。"Summer has arrived at last." で「ついに夏がやってきた」という意味です。

4. at all hours /ət ɔ́:l áʊəz/

    "at all hours"「四六時中、昼夜問わず」
    "at" の /t/ はそのままの音で発音されます。"hours" は、後ろに母音が続かないため /r/ が発音されず、/áʊəz/ と発音されます。また、設問文にある "our" も後ろに母音が続かないため /r/ は発音されません。"facilities" の /t/ はそのままの音で発音されます。

Chapter 19 オーストラリア英語

1. name

    アメリカ英語やイギリス英語の発音では /néɪm/ ですが、オーストラリア英語では /eɪ/ が /ʌɪ/ となり、「ナイム」のように聞こえることが多いようです。

2. right

    アメリカ英語やイギリス英語の発音では /ráɪt/ ですが、オーストラリア英語では /aɪ/ は /ɑɪ/ となり、「ロイト」のような発音となります。また "push the right buttons" には、

口語で「うまくやる、人の心をつかむ」というポジティブな意味があります。類似表現に "push someone's buttons" がありますが、これは「人の心をつかむ」という意味だけでなく、人の心をネガティブに刺激するということで「怒らせる」という意味にも使われます。

3. today

アメリカ英語やイギリス英語の発音では /tədéɪ/ ですが、オーストラリア英語では /eɪ/ が /ʌɪ/ となり、「トゥダイ」のように聞こえることが多いようです。"today" が "to die" と聞こえることから、"go to the hospital to die" という有名なジョークがあります。"today" か "to die" のどちらかは、文脈で判断することができます。

4. bike

アメリカ英語やイギリス英語の発音では /báɪk/ ですが、オーストラリア英語では /aɪ/ は /ɑɪ/ となり、「ボイク」のように聞こえることが多いようです。

5. made, reservation

アメリカ英語やイギリス英語の発音では /méɪd/ と /rèzə(r)véɪʃ(ə)n/ ですが、オーストラリア英語では /eɪ/ が /ʌɪ/ となり、「マイド」や「リザヴァイション」のように聞こえることが多いようです。

Chapter 20 World Englishes

1. ここでは、"that" /ðæt/ の /ð/ は日本語にない音のため、「ザ」のような音で代替されています。

2. 日本語母語話者は、ひとつひとつの単語を区切って発音する傾向にあります。そのため "count on" のような Chapter 3 で扱った「つながる音」も、ここではそれぞれ区切って発音されています。

3. 日本語母語話者は、子音の後ろに母音を足して発音する傾向にあります。ここでは "advice" の /d/ に母音が付け足されて、"ad" は「アド」のような発音になっています。また、日本語母語話者はカタカナ語の影響を受けやすいといわれています。"advice" /ədváɪs/ はカタカナ語の「アドバイス」の影響で、"vice" にある第1アクセントが "ad" に移動されることがあります。

4. 日本語には /θ/ の音がないため、"bath" /bǽθ/ の /θ/ と "bus" /bʌ́s/ の /s/ との音の区別が難しく、ここでは "bath" /bǽθ/ は「バス」と発音されています。

5. 中国語母語話者は /b/ をパ行の子音のように発音することがあります。ここでは "bought" /bɔ́:t/ と "boat" /bóʊt/ の /b/ がパ行のような音になり、「ポー」と「ポウ」に聞こえます。

6. 中国語母語話者は /d/ をタ行の子音のように発音することがあります。ここでは "door" /dɔ́:r/ の /d/ がタ行のような音になり、「トー」と聞こえます。

7. 中国語母語話者は /d/ をタ行の子音のように発音することがあります。ここでは "Do" /də/ の /d/ がタ行のような音になり、「トゥ」と聞こえます。さらに /v/ は /w/ に代替して発音される傾向にあるため、"value" /vǽlju/ は「ワリュー」のように聞こえます。

8. "You can't beat it"「それに勝るものはない」
フランス語母語話者は、英語の長母音 /i:/ や /ɑ:/ を短母音に変化させて発音する傾向にあるため、ここでは "beat" /bí:t/ の長母音 /i:/ が短母音となり「ビト」のように聞こえます。

9. フランス語では /h/ を発音せず /h/ は無音となるため、ここでは "happy" /hǽpi/ は「アピ」のように発音されています。また、フランス語母語話者は英語の長母音 /i:/ や /ɑ:/ を短母音に変化させて発音する傾向にあるため、ここでは "week" /wí:k/ の長母音 /i:/ が短母音となり「ウィク」のように聞こえます。

10. フランス語では /h/ を発音せず /h/ は無音となるため、ここでは "how" /háʊ/ は「アゥ」のような音に聞こえます。また "heating" /hí:tɪŋ/ は /h/ が無音になるだけでなく、長母音 /i:/ が短母音に変化して発音されているため「イティング」のような音に聞こえます。

注

Chapter 1　日本語にない母音

1) [p. 1] 英語の母音は分類の方法や方言によって種類や数が異なります。表1は、本書で扱うアメリカ英語におけるおもな母音をまとめたものです。

表1　アメリカ英語におけるおもな母音

/記号/	例語	/記号/	例語	/記号/	例語	/記号/	例語
/ə/	banana /bənǽnə/	/ɑ/	cotton /kɑ́tn/	/ɑː/	father /fɑ́ːðər/	/aɪ/	mine /máɪn/
/ɪ/	sit /sít/	/ʌ/	up /ʌ́p/	/ɔː/	fall /fɔ́ːl/	/ɔɪ/	coin /kɔ́ɪn/
/ɛ/	end /ɛ́nd/	/ʊ/	good /gʊ́d/	/uː/	food /fúːd/	/aʊ/	bound /báʊnd/
/æ/	hat /hǽt/	/iː/	seat /síːt/	/eɪ/	name /néɪm/	/oʊ/	most /móʊst/

なお、本書の Chapter 1 では、後ろに /r/ のない /ə/ のみを「あいまい母音」として扱っています。ただ、実際は、たとえば "information" /ìnfərméɪʃ(ə)n/ の 1 つめの /ə/ のように、後ろに /r/ がある場合でもやはり「あいまい母音」です。同じ「あいまい母音」ではありますが、/r/ が後ろにある場合とない場合の /ə/ はそれぞれ異なる音です。

Chapter 2　日本語にない子音

2) [p. 3] 分類方法や方言にもよりますが、英語には子音が 24 個、日本語には 16 個あるといわれています。

Chapter 6　変化する音 (2)

3) [p. 11] 母音に挟まれた /t/ や /d/ が日本語のラ行子音のような音になる現象は、「はじき音化」「弾音化」「フラップ化」「たたき音化」「/t/ の有声化」等の名称でよばれています。日本語の母音間で典型的に現れる日本語のラ行子音は、英語の母音に挟まれた /t/ や /d/ と音が似ているので、本書では「ラ行子音のような音」という表現を使っています。

4) [p. 11] /l/ は子音ですが母音に似た性質をもつことがあり、母音と /l/ の間でも母音間と同様の変化が起こります。

Chapter 7　聞こえなくなる音 (1)

5) [p. 13] 単語と単語の間だけでなく、1 つの単語内でも、/p, t, k, b, d, g/ の音が 1 つめの音節の終わりにあり、2 つめの音節が子音で始まる場合、1 つめの音節末の /p, t, k, b, d, g/ は聞こえにくくなります。たとえば "doctor" /dάktər/ では、/k/ がはっきり聞こえません。/k/ が 1 つめの音節 /dάk/ の終わりにあり、次の音節 /tər/ が子音 /t/ で始まるためです。同様に "rugby" /rΛgbi/ では /g/ が聞こえにくくなります。/g/ が 1 つめの音節 /rΛg/ の終わりにあり、次の音節 /bi/ が子音 /b/ で始まるためです。

Chapter 8　聞こえなくなる音 (2)

6) [p. 15] 「/n/ の直前や直後の /t/」というのは、音声上 /n/ の直前または直後にくる /t/ のことであり、つづりのうえで "n" の直前または直後に "t" が並ぶということではありません。たとえば "kitten" /kítn/ では、つづりのうえでは "t" と "n" の間に "e" が入っていますが、音声上は /t/ の直後に /n/ がきます。

7) [p. 15] このような、吐き出す息が口からではなく鼻から抜ける現象を、「鼻腔開放」とよびます。鼻腔開放は /tn/ の /t/ だけでなく、/dn/ の /d/（例："garden" /gάːrdn/）、/pm/ の /p/（"topmost" /tάpmòʊst/）、/bm/ の /b/（"submarine" /sΛbməriːn/）などでも行われることがあり、実際に "Examples" の 2 番 "Click the button to submit your form." の "submit" /səbmít/ では、/b/ が鼻腔開放で発音されています。

Chapter 9　/l/ の音

8) [p. 17] イギリス英語の一種であるコックニーや河口域英語など、方言によっては、後ろに母音のない /l/ は母音のように聞こえるのではなく、実際に「ウ」や「オ」のような母音として発音されます。

Chapter 10　英語のアクセント

9) [p. 19] ここでいう「第 1 アクセント」とは、方言やなまりなどを意味するアクセントのことではなく、単語内のひとつの音節が強く高く長く発音される現象を表します。なお、厳密には、「アクセント」と「ストレス（強勢）」は異なりますが、本書では細かな意味の違いよりもわかりやすさを重視して、「アクセント」を統一した用語として使用しています。

10) [p. 20] 厳密には "a small white house" の "white" と "house" のような形容詞と名詞の組み合わせの場合は、後ろの名詞のほうがややアクセントが強いといわれています。しかし本書では、複合名詞のアクセントとの違いをわかりやすくするために、「両方にアクセントがある」と説明しています。

Chapter 11　英語のリズム (1)

11) [p. 21] 正確にいうと、内容語で強く発音されるのは第1アクセントのある音節であり、語全体ではありません。2音節以上の内容語では、第1、第2アクセント以外の音節は機能語以上に弱くなり、脱落することもあります。また、機能語についても、たとえば "The book is not on the table but under it." では、本が机の「上」ではなく「下」にあることを強調するために機能語の "under" が強く発音されるように、本来は弱く短く発音される機能語であっても、話者が文中で意味を強調したいと考えるときはアクセントをつけて発音されます。

Chapter 12　英語のリズム (2)

12) [p. 23] ほかの機能語同様に、短い語と語をつなぐ "and" や "or" も、話すスピードが遅い場合や、"A and B" や "A or B" が文中で意味的に強調される場合は、弱く早くはならず1語1語はっきり発音されます。

Chapter 13　英語のイントネーション (1)

13) [p. 25] 下降調、上昇調のほかにも下降上昇調、上昇下降調、平坦調がありますが、スペースの関係上、本書では英語でもっとも一般的な下降調と上昇調を取り上げています。なお、下降調のイントネーションは、正確には文末の音がただ下がるのではなく、文の最後の内容語の第1アクセントのある音節で一気に下降します。一方、上昇調のイントネーションは、文の最後の内容語の第1アクセントのある音節から上昇が始まり、最後まで徐々に上昇し続けます。

14) [p. 25] 同じ文構造であっても、同じイントネーションで発音されるとは限りません。たとえば、"Hasn't Mary grown?" と Mary が大きくなったかどうか質問しているときは、「未完結」を示す上昇調になりますが、"Hasn't Mary grown!" と大きくなった Mary を見て驚いたり相手に同意を求めたりしているときは、質問ではなく感嘆や要求の気持ちを表しているので、「完結」を示す下降調で発音されます。このように同じ文構造であっても話者の意図によってイントネーションが異なる例については、本書の Chapter 14 でより詳しく取り上げています。

15) [p. 52] 発音上のまとまりとは、声に出す際に区切る単位のことで、「音調句」や「イントネーション句」などとよばれます。音調句は通常は意味の区切れと一致しますが、発話のスタイルや速度によっても異なります。1つの音調句には音の高低変化が目立つ音節が1つあります。それが「核音節」とよばれるイントネーションにおいてもっとも重要な部分です。英語の場合は、話者が強調したい内容によって核音節が移動することがありますが、通常は音調句の最後の内容語の第1アクセント部分に核音節が置かれます。

Ken drank my **milk**.　　核音節は最後の内容語の "milk"：もっとも一般的
Ken drank my milk.　　核音節は "Ken"：「誰が」を強調
Ken **drank** my milk.　　核音節は "drank"：「何をしたか」を強調
Ken drank **my** milk.　　核音節は "my"：「誰の」を強調

Chapter 14　英語のイントネーション (2)

16) [p. 53] 会話のなかで断定的な言い方を避けようと、柔らかい口調を意識して語尾を上げる現象を、英語では "uptalk" または "upspeak" とよび、地域、年齢、性別を問わず英語圏で広くみられます。語尾上げの起源については諸説あり、Chapter 19 で扱うオーストラリア英語がきっかけだとも、1980年代の南カリフォルニアの若者言葉から世界に広まったともいわれています。"uptalk" がもつ断定を避けるニュアンスは、発言に自信のなさや優柔不断な印象を与えてしまうことがあるため、英語学習者は使用を避けたほうがよいといわれています。また、英語母語話者であっても、ビジネスやフォーマルな場での "uptalk" の使用には否定的な意見が多くあります。その一方で、語尾を上げることにより、話者の発言がより柔らかく親しみやすい印象になるため、カジュアルな場面でのコミュニケーションにおいて、相手との距離を縮める際に効果的であることも指摘されています。したがって、語尾上げについては一概に良し悪しで論じるのではなく、会話の目的や状況に合わせて判断する必要があるといえます。

なお、このような断定を避けて語尾を上げるアクセントについては、1990年代に日本語でも「語尾上げ」としてテレビやラジオなどでよく聞かれましたが、日本語の場合は一過性の流行で、現在は平叙文の語尾については下降調が主流に戻っているようです。

Chapter 15　言いよどみ現象　(1)

17) [p. 29] ここで扱う「つなぎ言葉」は、"and" "but" "therefore" "in short" などに代表される前後の文の脈絡や展開を示すのに必要な接続詞や副詞句などではなく、日本語の「えっと」や「そのー」のような文脈に関係なく使用することのできる表現を指します。文頭でいきなり本題に入らずにワンクッションを置くために使用される、"You know what"「ねえねえ（知ってる？）」や "I tell you what"「ちょっと（聞いて）」なども、このようなつなぎ言葉に含まれます。つなぎ言葉は、「まだ発言が続く」というニュアンスを相手に伝える、あるいは発話の印象を和らげるといった役割をもち、口癖のように意味なく習慣的に使用されることが多いといわれています。ただ、つなぎ言葉を使いすぎると言いたいことがよくわからなくなるため、特に英語学習者は多用しないほうがよいといわれています。

Chapter 17　アメリカ英語

18) [p. 33] アメリカ英語の発音には、北部、中西部、南部のような地域方言、黒人英語のような社会方言などがあります。通常、日本の教育現場では、"General American" とよばれる、アメリカのニュースなどで耳にする標準的なアメリカ英語が使われています。

ちなみに、隣国カナダの英語は、"General American" と発音が非常に似ていると言われています。カナダ英語の発音の特徴としては、"about" が「アボウト」のようになる "Canadian Raising" とよばれる二重母音の変化があげられますが、これは専門家でないと気づかない程度の細かな違いです。

19) [p. 33] 標準的なアメリカ英語の発音では、語の末尾や子音の前であっても /r/ は発音されますが、アメリカ英語の方言のなかには /r/ を発音しないものもあります。

Chapter 18　イギリス英語

20) [p. 35] イギリス英語の標準的な発音とされる "Received Pronunciation" は、イングランド南部のエリート階層や公共放送である BBC のアナウンサー、そして王室や貴族などが使用する発音です。わたしたちがイギリス英語と聞いてイメージする発音はこの "Received Pronunciation" ですが、実際は "Received Pronunciation" の話者はイギリスの人口の数パーセントしかないといわれています。

21) [p. 35] 標準的なイギリス英語の発音では、直後に母音が続かない場合 /r/ は発音されませんが、イギリス英語の方言のなかには /r/ を発音するものもあります。

Chapter 19　オーストラリア英語

22) [p. 37] イギリス英語と異なりオーストラリア英語の発音には、地域的な方言がほとんどありません。その一方で、イギリスの "Received Pronunciation" の影響から、"Received Pronunciation" に近い "Cultivated Australian" と、オーストラリア英語の特徴がはっきりしている "Broad Australian"、そしてその中間的な "General Australian" という 3 種類の社会的方言が一般に認められています。現在、オーストラリアの人口の約 70% が中間的な "General Australian" を話すといわれています。

なお、本書で紹介しているオーストラリア英語特有の発音の特徴は、実はロンドンの労働者階級の人たちが話す「コックニー」とよばれる方言と共通しています。これは、イギリス人がオーストラリアに入植しはじめた 18 世紀ごろの移民のなかに、ロンドンの労働者階級の人たちがいたため、コックニーがオーストラリア英語の発音に影響を与えたからだといわれています。

Chapter 20　World Englishes

23) [p. 39] World Englishes の考え方を推進した言語学者の Kachru（1985）は、次ページに記載の図 1 のような「同心円モデル」を提唱し、世界で話されている英語を 3 つの地域に分けて説明しています。同心円モデルでは、まず一番内側に英語を母語とするアメリカやイギリスなど、次に英語を公用語または第 2 言語として使用しているインドやシンガポールなど、そして一番外側に英語を国際共通語や外国語として学ぶ中国やフランスなどの国々があります。日本はこの一番外側の円に属しています。この同心円モデルという捉え方に

は批判的な意見もありますが、世界各地の多様な英語への理解を深めるきっかけになったといわれています。

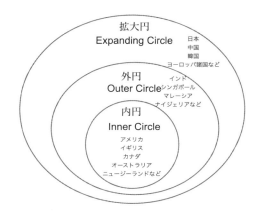

図1　Kachru の同心円モデルによる3つの区分

24) [p. 39] 母語にかかわらず、話者によって英語の発音の特徴は異なります。ここでは、日本語、中国語、フランス語の母語話者が話す英語の代表的な特徴を一部紹介しています。それぞれの特徴をわかりやすく示すために、本書に付属の音声データでは誇張した発音になっている場合があります。

25) [p. 39] 中国語にはたくさんの種類の方言があります。そのため中国語母語話者の英語の発音の特徴は、中国語の方言によっても異なります。本書では、中国語の主要な方言の話者に共通する英語の特徴を取り上げています。
中国語は母音で終わる構造のため、英語の語末の子音の後ろに母音を挿入する、あるいは逆に語末の子音を発音しないという現象がしばしばみられますが、本書では扱っていません。

26) [p. 39] 英語や日本語と異なり、中国語では /b, d, g/ と /p, t, k/ の音の違いを、「有気音」と「無気音」という息が強く出ているかほとんど出ていないかで区別しており、「有声音」と「無声音」という声が出ているかいないか、つまり声帯の振動があるかないかで区別していません。そのため、英語の有声音である /b, d, g/ を中国語母語話者が発音するとき、有声か無声かの違いに注意を払わず、無声音のパ行、タ行、カ行の子音のように発音する場合があります。

27) [p. 39] カナダでは、英語とフランス語が国の公用語として定められていますが、植民地時代にフランスからの移民が多く入植したケベック州は、フランス語のみが州の公用語となっています。ケベック州にはフランス語しか話さない人も多く、またフランス語と英語を話すバイリンガルであっても、その英語はフランス語母語話者が話す英語のような発音だといわれています。

参考文献

安武内ひろし (2021).『これだけっ！英語リスニング「音変 18」ルールブック』水王舎
Ball, W. J. (1986). *Dictionary of link words in English discourse*. Macmillan. (ボール, W. J. 中田裕二・岸野英治 (訳) (1997).『あいづち・つなぎ語辞典』マクミラン ランゲージハウス)
Buck, G. (2001). What is unique to listening. In G. Buck, *Assessing listening* (pp. 31–60). Cambridge University Press.
Canepari, L. (2010). *The pronunciation of English around the world: Geo-social applications of the natural phonetics & tonetics method*. Lincom.
Cook, A. (2000). *American accent training: A guide to speaking and pronouncing American English for everyone who speaks English as a second language*. Barron's.
深澤俊昭 (2015).『改訂版 英語の発音パーフェクト学習事典』アルク出版
George Mason University. *The speech accent archive*. (1999). http://accent.gmu.edu/index.php
服部範子 (2012).『入門英語音声学』研究社
International Dialects of English Archive. (1998). https://www.dialectsarchive.com/
Kachru, B. B. (1985). Standards, codification and sociolinguistic realism: the English language in the outer circle. In R. Quirk & H. G. Widdowson (eds.), *English in the world: Teaching and learning the language and literatures* (pp.11-30). Cambridge University Press.
Kachru, B. B., Kachru Y., & Nelson, C. L. (Eds.) (2009). *The handbook of world Englishes*. Blackwell.
川越いつえ (2007).『新装版 英語の音声を科学する』大修館書店
小林栄智・リチャード・リンディ (監), 矢田裕士・マーク・ドレイク・浜田盛男・中村優治・早坂慶子・本田広昭・西出公之 (編著) (2021).『Practice in English Reduced Forms 英語リダクションの演習』三修社
牧野武彦 (2005).『日本人のための英語音声学レッスン』大修館書店
沼野治郎 (1989).「オーストラリア英語の二重母音シフト」『徳山大学論叢』第 32 号, 71-84. https://ypir.lib.yamaguchi-u.ac.jp/tu/755
小川直樹 (2021).『耳慣らし英語リスニング 2 週間集中ゼミ』アルク出版
大塚朝美・今井由美子・井上球美子・上田洋・米田信子 (編) (2004).『Phonetics in Context: 英語音声学の基礎：理論と実践』北星堂書店
Reed, M. & Levis, J. M. (Eds.) (2015). *The handbook of English pronunciation*. John Wiley & Sons.
酒井志延・朝尾幸次郎・小林めぐみ (編) (2017).『社会人のための英語の世界ハンドブック』大修館書店
Sean, M. & Smith, B. (Eds.) (2001). *Learner English: A teacher's guide to interference and other problems*. (2nd ed). Cambridge University Press.
清水あつ子・斎藤弘子・髙木直之・小林篤志・牧野武彦・内田洋子・杉本淳子・平山真奈美 (2023).『大人の英語発音講座 新装復刊版』研究社
杉森幹彦・大塚朝美・杉森直樹・Evans, P. (2012).『English Sounds, English Minds』金星堂
鈴木寿一・門田修平 (編著) (2018).『英語リスニング指導ハンドブック』大修館書店
竹林滋・斎藤弘子 (1998).『英語音声学入門』大修館書店
竹林滋・斎藤弘子 (2008).『新装版 英語音声学入門』大修館書店
手島良 (2005).『英語の発音・ルールブック—つづりで身につく発音のコツ』NHK 出版
東京外国語大学言語モジュール (2004). https://www.coelang.tufs.ac.jp/mt/
内田洋子・髙木直之 (2012).「中国語話者の英語訛りの研究：日本人海事従事者のために」『日本航海学会論文集』第 126 号, 55-64. https://www.jstage.jst.go.jp/article/jin/126/0/126_KJ00007943342/_pdf
Warren, Paul (2016). *Uptalk: The phenomenon of rising intonation*. Cambridge University Press.
Wells, J. C. (1982). *Accents of English 3: Beyond the British isles*. Cambridge University Press.

［執筆者］

新居　明子（にい あきこ）

同志社大学文学研究科博士後期課程単位取得退学、バンガー大学（旧ウェールズ大学バンガー校）MA、アリゾナ州立大学 MTESL 修了。現在、名古屋外国語大学准教授。専門は英語文学。

金子　理紗（かねこ りさ）

大阪大学言語文化研究科博士後期課程単位取得退学。ヨーク大学（英国）MA 修了。現在、名古屋外国語大学外国語担当専任講師。専門は音声学、音韻論。

杉山　真央（すぎやま まお）

大阪大学言語文化研究科博士後期課程修了。博士（言語文化）。現在、名古屋外国語大学外国語担当専任講師。専門はコーパス言語学、文体論。

［監修者］

上田　功（うえだ いさお）

名古屋外国語大学教授。名古屋外国語大学外国語学部英米語学科長・言語教育開発センター長。大阪大学名誉教授。日本音声学会第16代会長。

Listening Tips　改訂版
リスニング力 UP のためのポイント20
NUFS　英語教育シリーズ

2025年4月1日　初版第1刷発行

著　　者　新居明子　金子理紗　杉山真央

監修者　上田功

発行者　亀山郁夫

発行所　名古屋外国語大学出版会
　　　　420-0197　愛知県日進市岩崎町竹ノ山57番地
　　　　電話　0561-74-1111（代表）
　　　　https://nufs-up.jp

イラスト　杉山真央

組版・印刷・製本　株式会社荒川印刷

ISBN 978-4-908523-55-7